CB077551

O ESPIRITISMO E A
PRÓXIMA RENOVAÇÃO

EDGARD ARMOND

O ESPIRITISMO E A PRÓXIMA RENOVAÇÃO

E TEXTOS SELECIONADOS

Editora Aliança

1ª Edição, ago/2002, do 1º ao 5º milheiro

Título

O Espiritismo e a Próxima Renovação

A Coletânea abrange:
O Espiritismo e a Próxima Renovação
Espiritismo – Religião Redentora
Demonologia (inédito)
Separações Conjugais à Luz do Espiritismo
Como Ensinar Religião às Crianças
O Espiritismo e o Comunismo

Autor
Edgard Armond

Revisão
Maria Aparecida Amaral

Editoração e Capa
K. Borba/L. Béltcheva

Impressão
Book RJ Gráfica e Editora Ltda.

Ficha Catalográfica

Armond, Edgard, 1894-1982
A763e O Espiritismo e a Próxima Renovação
1ª edição – São Paulo: Editora Aliança - 2002
192 págs.

1. Espiritismo 2. 3. I. Edgard Armond II. Título
CDD – 133.9

EDITORA ALIANÇA
Rua Francisca Miquelina, 259 - Bela Vista - São Paulo - SP
CEP 01316-000 - Fone: (0xx11) 3105.5894 - Fax: (0xx11) 3107.9704
www.alianca.org.br e-mail: alianca@alianca.org.br

ÍNDICE

DEMONOLOGIA

SEPARAÇÕES CONJUGAIS À LUZ DO ESPIRITISMO

COMO ENSINAR RELIGIÃO ÀS CRIANÇAS

O ESPIRITISMO E O COMUNISMO

APRESENTAÇÃO

Ao longo de sua vida Edgard Armond realizou diversas conferências e obras de cunho doutrinário. Neste livro reunimos seis desses trabalhos.

O Espiritismo e a Próxima Renovação trata-se de uma conferência realizada na Federação Espírita do Estado de São Paulo — FEESP, em 2 de maio de 1943, onde o autor constata que o Espiritismo tendo evoluído, particularmente no aspecto experimental, propõe a descentralização das atividades práticas do Espiritismo, entendida esta descentralização como multiplicação dos núcleos de atividades.

Espiritismo – Religião Redentora é o resultado da junção de três outros trabalhos: *O que é o Espiritismo, Religião Redentora* (editado em 1956, com 2 edições em espanhol) e *Normas Básicas para a Orientação Espírita do Povo* (editado em 1960).

Demonologia trata-se de uma conferência realizada na FEESP, em 1951, sendo um texto inédito, tendo sua primeira impressão nesta coletânea.

Separações Conjugais à Luz do Espiritismo é uma monografia que foi sendo aperfeiçoada através de diversas impressões, a primeira em 1949, com o título *O Espiritismo e o Divórcio*, em 1954 uma nova edição sob o título *A Questão do Divórcio*, e, em 1966, uma terceira edição com o título *Separações Conjugais*, em 1980 houve duas impressões (uma com 6000 e outra com 2000 exemplares) com o título atual.

Como Ensinar Religião às Crianças trata-se de um trabalho conjunto com Pedro de Camargo (Vinícius) onde a proposta de um ensino religioso não-diretivo substitui a prática do uso de catecismo.

Em *O Espiritismo e o Comunismo* o autor esclarece o público de então acerca deste tema, pondo em evidência o aspecto espiritual do problema.

O principal objetivo da Editora, com esta publicação, é manter os registros dos trabalhos desenvolvidos pelo autor, mas reconhece e sabe que esta coletânea trará, ainda nos dias atuais, muitas respostas a muitas dúvidas que temos no nosso dia-a-dia.

São Paulo, março de 2002.

Editora Aliança

O Espiritismo e a Próxima Renovação

• Ao apóstolo brasileiro Bezerra de Menezes, iluminado espírito sobre cujos ombros pesa a responsabilidade da direção do movimento espiritual no país;

• construtor espiritual desta Casa;

• que aconselhou esta publicação.

Saúdo

1

PREÂMBULO

Em trabalho anterior publicado sob o título *Contribuições ao Estudo da Mediunidade*, apresentei aspectos do Espiritismo experimental e estudei, de forma mais ou menos meticulosa, a faculdade mediúnica em suas mais comuns manifestações.

Analisei mais de perto a mediunidade como fenômeno individual, como faculdade própria de Espíritos evoluídos, fazendo somente ligeira referência à mediunidade de prova, isto é, a que é outorgada como graça a Espíritos retardados, para apressamento de sua evolução.

Atrevi-me mesmo, pelo simples desejo de ser útil, a propor uma divisão e classificação da faculdade, tendo em vista que os códigos da doutrina e a literatura, já hoje muito extensa, concernente a seus problemas, não oferecem conhecimentos simples e objetivos, metodicamente ordenados e acessíveis a todas as inteligências.

Por outro lado, considerei que o Espiritismo tendo, como é natural, evoluído em todos os terrenos, mormente no experimental, colocou-se em uma situação em que as dificuldades de compreensão e realização prática foram consideravelmente aumentadas.

Daí, então, a necessidade de examinar esses problemas mais direta e objetivamente no intuito de simplificá-los, torná-los mais praticáveis, afastar as confusões e escoimá-los de elementos intrusos e acessórios inúteis, para colocar enfim cada coisa em seu devido lugar, a cada uma delas atribuindo o papel que lhe fosse próprio. Um trabalho, em suma, de aspecto didático.

É claro que tendo sido uma simples contribuição de estudo não representava nada de definitivo (pois nada há de definitivo) mas, quanto à sua utilidade, tivemos o prazer de verificar que foi apreciável, pelo menos para aqueles que ainda estão retardados em certa ordem de conhecimentos.

E é justamente para esses que eu faço o meu esforço.

❖

Tentando agora esta nova e modesta colaboração meu objetivo é outro, conquanto complementar do primeiro: focalizar a situação do Espiritismo em face da renovação que segundo uns se aproxima e segundo outros já está sendo realizada nos planos superiores da vida espiritual do planeta.

E se me perguntarem com que autoridade falo sobre assunto de tal magnitude respondo que não o faço com autoridade alguma; quem entre nós possui autoridade? Mas unicamente uso de um direito: o de debater idéias; e cumpro um dever: o de colaborar na obra comum.

2
LIMITES DA CODIFICAÇÃO

É fora de dúvida que a Terceira Revelação se limitou a assentar as bases fundamentais da doutrina e quando se referiu a fenômenos objetivos, fê-lo somente no grau que comportava a inteligência da época, o que, aliás, é comum suceder porque, como sabemos, a revelação divina tem sido sempre parcial e progressiva.

E, mesmo no campo superior do conhecimento, semelhante regra foi seguida, porque muitas coisas ainda ignoramos, que a codificação não revelou, por não convir ou ser inútil.

Para o lado do Evangelho, por exemplo, que é base moral da doutrina, somente uma sexta parte dos textos foi considerada, sendo que a maior parte, a saber: justamente a que se refere a problemas de ordem transcendente, foi deixada de lado.

Nisso vemos a sabedoria que inspirou o Codificador, não se referindo a coisas que só serviriam para estabelecer confusão em mentes retardadas, discórdia em agrupamentos pouco coesos, separação entre adeptos ainda imperfeitos de uma doutrina de tão alta espiritualidade.

Os Espíritos não quiseram, como se vê, dar campo a divergências, sabendo como sabem que todas as religiões, surgindo centralizadas e uniformes em seus nascedouros, logo depois se dividem, cindem-se em agrupamentos diversos formando cultos e seitas que, conquanto muitas vezes permaneçam fiéis à origem comum, apresentam no correr dos tempos, por efeito da intervenção do agente humano, aspectos diferentes, mais ou menos profundos, de compreensão e interpretação.

Assim realmente tem sucedido, inclusive com o tão impropriamente denominado cristianismo que, desde seus primórdios, dividiu-se em seitas inúmeras e até hoje continua a sofrer o mesmo singular processo de desintegração.

Como o Espiritismo, porém, não era doutrina de homens, mas de Mensageiros do Criador, com base rigorosamente firmada no ensino moral já pessoalmente exemplificado pelo Filho de Deus, era de supor que permanecesse imune desse mal desde que ao homem fosse dado, de forma clara e simples, um conjunto de conhecimentos que estivesse ao seu alcance, coisas que pudesse compreender e realizar, aquilo, enfim, que sua mente, sem grande esforço, comportasse, muito embora esse pouco já representasse um grande avanço na obtenção da verdade.

Por isso a codificação limitou-se a ampliar prudentemente os conhecimentos revelados pelo Cristo, mormente no campo da vida moral e, do ponto de vista esotérico propriamente dito, deixou que o tempo se encarregasse de declarar a oportunidade de novas revelações.

3
Notável Diferença

Mas uma profunda diferença houve, cotejando-se a Terceira Revelação com as anteriormente feitas, a saber: apoiou-se em um conjunto impressionante de manifestações fenomenais, objetivas e concretas, verificadas ao mesmo tempo em muitos lugares.

Qual a razão disso?

A mesma pela qual o Cristo operou fenômenos considerados milagres: para chocar os homens e edificar a fé. O Divino Mestre agiu assim provavelmente para exemplificar sua lei moral, falando às almas numa linguagem divina, que sua presença testemunhava; mas a Terceira Revelação teve em vista uma coisa mais terrestre e mais humana, a saber: basear o conhecimento em provas indiscutíveis; construir sobre a rocha dos fatos concretos, mais ao sabor da inteligência da época, que se desviava manifestamente para o materialismo.

O Cristo veio numa época de messianismo, num ambiente místico, convenientemente preparado, o único compatível com a manifestação direta de um Filho de Deus, ao passo que a Terceira Revelação surgiu numa atmosfera de descrença, de desvario espiritual, de predominância de forças do intelecto e tinha por dever não se opor, mas canalizar para os rumos verdadeiros e convenientes, as atividades preciosas da razão humana.

E a mediunidade foi o recurso heróico de que ela se valeu para a solução de tal problema.

Como, apesar da exemplificação do Cristo e do seu legado espiritual condensado nos Evangelhos, a humanidade não progredia mas, muito ao contrário, regredia por força do uso impróprio que estava sendo feito da faculdade da razão, permitiu Deus que a mediunidade fosse generalizada e outorgada a muitos como graça pois disso resultaria um duplo benefício, a saber: a redenção de um maior número, por efeito dessa nova possibilidade individual e a propagação mais rápida do conhecimento espiritual no seio das sociedades humanas.

4
QUE RESULTOU DISSO?

E agora, cem anos transcorridos, quais os resultados reais dessa prova extraordinária da misericórdia divina?

Grandes e benéficos são tais resultados, tendo em vista a humanidade em geral, porque a luz difundiu-se por muitas partes, o materialismo foi ferido de morte, a razão humana tomou novos rumos e já está falando uma linguagem muito diferente, e um grande número de homens já está preparado para receber e assimilar novas e mais avançadas revelações.

O panorama geral é este: uma parte do mundo já aceitou a doutrina e a prática; outra está francamente caminhando para ela e o restante somente a contempla.

Apesar da codificação a doutrina não é compreendida por todos da mesma forma e no mesmo sentido; nem mesmo é alimento comum para todos os paladares e em todos os climas. Por isso agrupamentos vão se formando aqui e ali, mais ou menos numerosos e coesos, tentando reunir-se em torno a estandartes comuns.

Parece que as esperanças da codificação já se estão realizando: não tendo havido um nascedouro determinado; não tendo a doutrina surgido centralizada, caminha agora em sentido inverso, tentando unir-se ao invés de separar-se.

E outro detalhe notável é este: nesse panorama geral um ponto se destaca como o mais nítido, mais definido, de movimento mais acelerado e mais amplo — o Brasil — onde o movimento já atingiu um grau de cristalização apreciável tendo, além disso, encontrado um ponto comum de concordância: o Evangelho do Cristo, onde já formou um corpo bem plasmado cuja cabeça, nos planos espirituais, ligados ao nosso país é aquele que denominamos o apóstolo brasileiro, Bezerra de Menezes, o guia desta Casa.

5
A Situação No Espiritismo

Mas, quanto ao Espiritismo mesmo, que situação apresenta?

Segundo julgamos ele apresenta também três aspectos bem definidos ou estados de compreensão: um elevado, um médio e um inferior.

Esclarecendo melhor: vemos uma minoria, possuidora de maior cultura espiritual e mais ampla visão, que percebe o impulso dado ao movimento e procura acompanhá-lo; em seguida uma grande maioria que assimilou parte do conhecimento, mas permanece estacionária na suposição de que tudo está feito, não apreendeu o sentido e nem acompanha o ritmo ascensional do movimento; e por último um grande número que, levado ainda por seus sentimentos inferiores, completamente divorciado da moralidade que a doutrina encerra, explora em proveito próprio as novas possibilidades postas ao serviço da humanidade.

Ao primeiro grupo pertencem aqueles que possuem conhecimentos esotéricos gerais bebidos em muitas fontes; cultivam o Espiritismo à luz de entendimentos sucessivos cada vez mais avançados; amam a liberdade de pensamento e buscam o progresso próprio, por via do aperfeiçoamento moral e da cultura da razão; têm o Evangelho por lei e já compreenderam que o Cristo é o Senhor da Luz e a síntese divina acessível aos homens; formam uma elite de ideais bem definidos e possuem por isso mesmo intuições mais elevadas.

São os pacientes buscadores da verdade.

Ao segundo grupo se incorpora a massa, podemos dizer, dos seguidores da doutrina, cujos conhecimentos precários e evolução retardada, não lhes permite compreensão mais avançada; seguem a doutrina mas não lhe alcançam bem as eminências e as conseqüências; estão na periferia da luz mas não foram ainda suficientemente tocados por suas claridades; seguem também o Evangelho, ou pensam segui-lo, mas não norteiam ainda suas vidas por ele, visando uma reforma moral definida; atêm-se a práticas defeituosas, eivadas de superstição e personalismo, certos de estarem realizando atos espirituais verdadeiros; vivem e atuam em ambientes saturados de forças de ignorância e obedecem a conselheiros, encarnados e desencarnados, da mesma condição e espécie.

São ainda os filhos da meia-luz.

No terceiro, finalmente, se enfileiram todos aqueles que não possuem propósitos honestos, ideais alevantados, mas só visam usar a doutrina em proveito de suas ambições pessoais, sobretudo de dinheiro. Praticam realmente o Espiritismo porém para fins inconfessáveis. Por isso só conseguem medrar nas baixas camadas espirituais dos dois mundos e representam, do Espiritismo (como aliás sucede com todas as demais religiões) uma escória moral. São embusteiros, charlatães, aventureiros que devem ser desmascarados onde quer que se acoitem, como elementos nocivos à sociedade em geral.

❖

Cabe aqui fazer um parênteses para dizer que há uma corrente de adeptos que não admite a expressão "baixo espiritismo" porque, segundo pensam, o Espiritismo não tem modalidades inferiores. Mas sem entrar no debate da questão, a esses eu respondo que confundem o conceito moral com a prática; e lhes pergunto: a prática, o intercâmbio com os Espíritos desencarnados, de qualquer categoria, não é uma modalidade do Espiritismo? Ou o Espiritismo estabelece intercâmbio unicamente com Espíritos superiores? Infelizmente, bem sabemos, que a maior parte dessas relações intermundos é feita com Espíritos inferiores justamente porque a maior parte desta nossa atual humanidade ainda é composta de Espíritos desta categoria havendo mesmo, ainda encarnadas, raças inteiras em estado primitivo como, por exemplo, os aborígenes da África, da Polinésia e da América.

❖

Admita-se pois a expressão "baixo espiritismo" porque realmente há Espiritismo de aspecto inferior mas não se confunda isso com a magia negra porque esta é uma prática que nada tem a ver com o Espiritismo. É um amálgama de primitivismo, maldade e personalismo puro; sua prática visa a satisfação das paixões animais, dos vícios, dos ódios e dos desejos impuros. Conscientes quase sempre dos males que praticam e cometendo contra o Espírito um crime que brada aos céus, o destino reservado aos seus cultores é sombrio porque, segundo a palavra do Divino Mestre — a cada um será dado segundo suas obras.

Se é verdade que os praticantes desse culto se utilizam muitas vezes de Espíritos inconscientes para seus criminosos propósitos, isso todavia não quer dizer que a prática seja de Espiritismo, bastando para compreender isso, considerar a finalidade de cada coisa.

Os praticantes da magia negra, além dos Espíritos inconscientes, se utilizam também de forças cegas, larvais e elementais da natureza havendo muitos, além disso, intelectualmente mais adiantados, que lançam ainda mão das possibilidades que lhes oferece o campo extenso e já hoje tão explorado do chamado "mentalismo".

São sacerdotes de um culto de trevas ao passo que o Espiritismo é uma doutrina dispensadora de claridades.

Pois os adversários de Espiritismo, quando querem combatê-lo e impressionar a opinião lançam mãos justamente desses aspectos inferiores das manifestações da magia e da goécia[1] — rotulando-as de Espiritismo certos de poderem, nesse terreno, apresentar provas concretas de malefícios realizados. Se é verdade que em grande parte o conseguem — pois é imensa a ignorância humana — não é todavia menos verdade que já vai existindo, mesmo fora dos arraiais espíritas, um grande número de pessoas sensatas e cultas que por si mesmas distinguem as coisas e separam o joio do trigo.

---

[1] Ver perg. 139 de *Respondendo e Esclarecendo* e pág. 163 de *Religiões e Filosofias*, do mesmo autor. (Nota da Editora)

6
O QUE SE DEVE FAZER

O problema mais relevante do Espiritismo moderno, encarado como doutrina social, é este:

1º) Esclarecer francamente os adeptos a respeito da magia negra e afastá-los de suas práticas nocivas a fim de localizá-la em seus próprios arraiais e não permitir confusões com o Espiritismo.

2º) Promover uma gradual transformação na compreensão e na prática do Espiritismo médio, elevando a cultura espiritual dos adeptos para afastá-los da superstição e do misticismo religioso em que se encontram mergulhados.

3º) Fazer prevalecer o Espiritismo praticado pelas elites, caminhando francamente no sentido da reforma individual com base no Evangelho, para que o organismo geral — que é a humanidade — automaticamente se aperfeiçoe e evolua.

É evidente que este não será trabalho para dias nem meses porque o progresso moral é lento e o Espírito humano é sempre sujeito a ascensões e quedas; é lento porque a força das paixões inferiores ainda dormita, poderosa e vigilante, no coração dos homens; lento porque muitas das correntes religiosas que dominam as massas têm ainda raízes fundas plantadas no solo estéril dos interesses materiais; porque para muitos o Cristo é ainda simplesmente um nome e para outros uma bandeira de combate para lutas exteriores e não-internas; e porque para uma grande maioria seu Evangelho de amor e redenção não passa de simples literatura mística.

E a marcha vitoriosa do Espírito seria entravada pelas sombras e pelos obstáculos que o homem coloca no seu caminho se a Providência Divina não interviesse de tempos a tempos para desembaraçar as veredas, iluminar os horizontes, julgar as ações humanas e separar em campos diferentes os justos e os injustos.

❖

Pois estamos para viver um momento destes.

7
Os Prenúncios do Juízo

Quando Jesus — o Nazareno — estava para iniciar como Cristo os três anos maravilhosos de sua vida pública, após o longo período de silêncio que lhe fora imposto pelo Pai e durante o qual fora simplesmente um homem, João Batista — a voz que clama no deserto — reunia as multidões, purificava-as pelo batismo e concitava-as à penitência, para que se reformassem, iniciando uma vida mais pura; preparava os caminhos do Senhor anunciando ao mundo o advento da nova lei.

Hoje, dois mil anos passados em lutas e sofrimentos de toda a espécie, a humanidade em grande parte ainda desconhece essa lei e se a conhece a despreza e se a não despreza não vive segundo suas determinações.

Mas, do ponto de vista material, o homem adiantou-se extraordinariamente e de suas conquistas resultou um recrudescimento de instintos inferiores e hoje podemos dizer que o mundo atingiu o pináculo do poderio material, tendo sido relegados a planos secundários os ensinamentos de caráter moral por meio dos quais deveria ter-se implantado no mundo o predomínio do espírito.

Com poucas exceções os homens se prosternaram diante a falsos altares, cujos deuses são as coisas inanimadas; com poucas exceções são crentes de cultos de exterioridade.

Daí a contínua necessidade de cataclismos periódicos, revoluções e hecatombes guerreiras, angústias e desesperos coletivos, que vieram vindo num crescendo apavorante, cada vez abrangendo extensões maiores até cobrirem, como hoje cobrem, de sombras e maldições, a face toda do planeta.

É um carma de sangue que está sendo afogado em sangue; um carma de dores intraduzíveis que está sendo queimado no corpo e no espírito de cada homem desta geração.

Nestas tristes condições é que vão ser os homens surpreendidos pela renovação do mundo, pelo juízo periódico de Deus. Nestas misérrimas condições e por efeito delas mesmas é que vai se dar a depuração prometida pelo Cristo e durante a qual será feita a separação dos bons e dos maus.

Estamos vivendo os últimos tempos do signo de Peixes, sob o qual o Cristo nasceu e morreu, signo das Grandes Águas, do Dilúvio, simbolizado no batismo de João, e vamos entrar no de Sagitário, que traspassa o coração do mundo com uma seta — o Fim pelo Fogo, fogo do espírito. E de todos os lados nos vêm prenúncios do acontecimento: o sofrimento humano generalizado pelas convulsões sociais e pela guerra; as fraternidades ocultas saindo de seu silêncio sistemático para se darem as mãos num movimento de solidariedade recíproca; a insatisfação humana nas conquistas da ciência moderna atingindo os pináculos de sua força mas vendo que de tudo resulta, no campo da vida moral, unicamente um punhado de cinzas; os corifeus do materialismo desiludidos de suas concepções estéreis voltando agora seus olhos para as coisas positivas do espírito; o intercâmbio dos dois mundos que se intensifica impressionantemente pela generalização da mediunidade; as advertências incessantes dos Guias conclamando os homens para se unirem em torno a objetivos mais altos; enfim, vozes da Terra e vozes dos céus que se fazem ouvir nos quatro cantos do mundo.

Tudo é prenúncio desse juízo.

Não o juízo que fará que os mortos se levantem de seus túmulos, reentrem nos seus corpos decompostos, cujas cinzas o vento das idades de há muito espalhou; não o de um julgador pessoal e sobrenatural, sentado em trono de nuvens e rodeado de luminárias; mas o juízo automático, reflexivo, realizado por efeito de leis eternas e mediante o qual todo aquele que não houver alcançado determinado estado de purificação, será relegado a planos de vida inferior, mais concordes com seu estado evolutivo; mediante o qual todo aquele cujos pensamentos e atos tiverem a marca da materialidade serão apartados dos que já houverem escalado os degraus da compreensão espiritual.

Como disse o Senhor: "naquele dia, de dois homens que estiverem no campo um será tomado e outro será deixado; de duas mulheres que estiverem moendo em um moinho uma será tomada e outra deixada".

O julgamento não será um tribunal mas unicamente a aplicação de uma lei de justiça, puramente espiritual e baseada naquilo que foi pelo Cristo ensinado. E o Cristo estará presente nesse exame de consciência supremo, não como uma entidade à parte mas como uma luz interna, despertada e viva, no coração de cada um. E o próprio réu procederá ao julgamento e de si próprio ouvirá sua sentença: se em si mesmo encontrar a luz, seja qual for o grau em que ela brilhe, passará para a direita e sentará à mesa do banquete mas, se a não encontrar, passará para a esquerda e terá que recomeçar suas provas em mundos de sombras e de dores.

❖

Mas, perguntarão: trata-se então do juízo final, tantas vezes receado e tantas vezes prorrogado? O juízo tremendo do Apocalipse?

Na criação de Deus nada há que seja fim ou começo pois tudo é eternidade e infinito, mas é certo que as ações humanas são pesadas, periodicamente, na balança da sua justiça. De tempos a tempos os mundos se renovam e as humanidades são selecionadas para subirem a planos espirituais mais elevados.

Se o juízo do Apocalipse se refere a uma destas transformações periódicas então é de crer que estejamos prestes a viver uma de suas passagens maravilhosas.

Que esse juízo possa ser para muitos de nós favorável, segundo a promessa de Lucas quando disse: "quando essas coisas começarem a acontecer, endireitai-vos e levantai a cabeça, porque próxima está vossa libertação".

E já estamos entrando nesse milênio de renovação que se dará, é claro, não nos planos da vida encarnada, mas nos do Espírito; e, segundo parece, os que estão partindo agora já lá serão separados e os que de lá vierem no correr destes dias já virão separados.

❖

Meditemos pois sobre isto e, usando dos recursos que estão ao nosso alcance, pela ação poderosa e consciente de nosso livre-arbítrio esforcemo-nos, nestes breves dias que nos restam da presente encarnação, para obtermos essa libertação e não sermos voltados a mundos inferiores onde a vida do Espírito, que já anteviu a luz e dela foi privado, representa um tormento inenarrável.

Por isso voltemo-nos para os ensinos tão simples e perfeitos do Divino Mestre e procuremos não somente compreender mas viver esses ensinos em todos os instantes de nossa vida e em tudo aquilo que estiver ao nosso alcance. A simples resolução, sincera e definitiva, tomada nesse sentido já terá a virtude de acender em nossa consciência interna a luz redentora porque esse simples ato de nossa vontade será o da nossa aliança com o Cristo.

8

O Evangelho - Verdade Definitiva

Examinando desapaixonadamente a situação do Espiritismo atual, verificamos que está se prendendo à rotina, na sua prática e no seu entendimento; adotando sistemas e processos ortodoxos, limitadores de seu universalismo; tendendo a criar ritos e a fecharse em dogmas havendo mesmo, em certos agrupamentos, um pendor pronunciado para o fanatismo religioso, que restringe o campo do pensamento e é caminho fatal para o obscurantismo.

Muitos imaginam que as bases estabelecidas pela codificação representam conquista definitiva, não compreendendo que são ainda alicerces fundamentais de uma construção admirável que está por concluir.

O material que possuímos hoje para o prosseguimento da obra, se bem que da mesma natureza que o manejado por nossos antecessores, é todavia mais aperfeiçoado, mais elástico e sensível, produto da evolução de um século e da experiência de milhões de seres.

Os Guias hoje, em suas instruções, nos apontam horizontes mais amplos e iluminados, definições mais justas, conhecimentos mais avançados, detalhes mais precisos da vida do Espírito e da Criação Divina. Mas, entretanto, é bom considerar que tudo gira sempre em torno do Evangelho do Cristo como a nos dizer que se aqui na Terra e nas camadas inferiores do mundo espiritual, que lhe são próprias, esse nome não é universal, é-o todavia em todos os planos da vida espiritual superior; como a nos dizer que nele se contém a verdade eterna.

E outro ponto em que é sistemática a instrução dos guias é no que se refere à reforma individual dos homens, como a expressar que sem isso a Terceira Revolução, como as demais, terão sido inúteis e o Espiritismo, como doutrina, não terá razão de existir; será simplesmente um conjunto de fatos mas não uma força operante, condutora espiritual dos homens; terá fracassado na sua finalidade essencial como muitas religiões fracassaram; será um conjunto de conhecimentos literários, de efeitos platônicos e superficiais que apaixonam e satisfazem o intelecto, mas nada de definitivo ou eterno constrói no coração dos homens.

Por isso essa reforma deve ser o alvo de todas as nossas ações, deve ser encarada como uma necessidade real, tão real como o ar que respiramos e o alimento que ingerimos. E quando assim compreendermos as coisas o Evangelho para nós deixará de ser simplesmente um livro para se tornar uma lei — porque ele é uma lei viva para vivos e mortos, isto é, lei para vivermos e lei para sermos julgados.

9

DISPUTAS INSENSATAS

A resistência que encontra toda idéia nova, toda nova concepção, vem provar que os homens de hoje pouco diferem dos de ontem: vivem na presunção de si mesmos; preferem o dogma ao pensamento livre; aferram-se de preferência ao que lhes está mais ao alcance dos sentidos; adoram o conforto e a segurança que a matéria dá e não se dispõem a aventurar-se em caminhos novos para novas conquistas, mesmo no terreno da imortalidade.

Mesmo aqueles que já penetraram nos campos da vida verdadeira sofrem destes males e muitas vezes preferem ficar parados nos pontos que já atingiram. Mas o Espiritismo é doutrina de evolução e por isso caminha sempre, mesmo quando pareça estar estacionário.

No incessante turbilhonar da vida cósmica, como no movimento ascensional dos Espíritos para Deus, os degraus são galgados lentamente, penosamente, e aqueles que não acompanham o ritmo geral são deixados para trás porque parar é retrogradar, mormente agora quando se está vivendo uma época de transição para um amanhã pouco definido.

Em virtude, pois, dessa lei tudo aquilo que estiver no programa das Entidades que dirigem o mundo e que deva ser transmitido ao homem encarnado, sê-lo-á independentemente daquilo que ele possa pensar a respeito. As opiniões de cada um de nós em nada afetam a realidade das coisas ou o exercício pleno das leis cósmicas. Dada a nossa inferioridade atual o que nos cabe é abrir os olhos para ver, os ouvidos para ouvir, o cérebro para compreender, mas não a boca para disputar. E o que vemos hoje é a agonia do mundo, o que ouvimos são os apelos dos Guias para que nos unamos sob a bandeira do Cristo, e o que compreendemos é que vivemos agora um momento grave.

Pois bem: quando todos deviam estar voltados de ânimo sereno e coração limpo para a realização da obra comum, para a purificação do maior número, para a redenção de todos, dando-se as mãos, aconselhando-se, protegendo-se mutuamente, o que vemos é que muitos se entregam a discussões estéreis de doutrina, no campo teológico, atividade essa que nada produz de útil para os homens mas, muito ao contrário, deles afasta a candidez e a humildade de espírito, enfraquece-lhes a fé — já de si tão precária — e cria-lhes um estado mental de confusão e discórdia.

Se a revelação é parcial e progressiva, por que aferrar-se hoje a determinados conceitos, se amanhã devem ser substituídos por outros, mais avançados ou verdadeiros?

Que importa, por exemplo, o processo mediante o qual se operou a concepção de Jesus ou a natureza de seu corpo de manifestação objetiva!

Admitido isto ou aquilo ficaremos porventura mais sábios ou melhores?

Jesus não foi o Cristo? Não veio até nós, não nos ensinou o caminho, não carregou a cruz? Não ressuscitou?

Para quem quer segui-lo isto não basta?

E porventura o seguimos como Ele o quer, obedecemos realmente Suas leis? Ou sim ou não. Se sim, isso também nos deve bastar; se não — para que então saber de que natureza era seu corpo ou como nasceu?

É como se numa classe os alunos fizessem seus estudos muito precariamente mas, em compensação, disputassem acirradamente sobre a cor dos olhos ou o tecido das roupas do professor.

O corpo do Cristo! Conhecemos porventura um átomo do nosso próprio corpo? A vida do nosso Espírito, as leis que a regulam, sua origem e seu fim? Ou somos capazes de parar o vento, ou criar um fio de cabelo novo?

Então, por que discutir coisas que estão absolutamente fora de nosso alcance, acima de nossa capacidade atual?

Há tanta coisa útil a fazer! No campo social por exemplo!

Em seu aspecto sociológico o Espiritismo visa:

No que respeita ao indivíduo — sua reforma espiritual, para que dessa forma se aperfeiçoe e evolua a sociedade do qual é ele uma célula ativa.

No que respeita à coletividade — a assistência social em todas as suas formas, para por esse esforço de auxílio recíproco se implantem no coração dos homens sentimentos estáveis de paz e de fraternidade.

Então as atividades dirigidas nesse sentido não seriam mais proveitosas que o debate inglório de obscuros problemas de teologia?

E não se diga que foram os próprios Guias, por meio de suas revelações, que forneceram alimento para divergências, porque devemos saber que todo conhecimento dado deve ser utilizado como material de construção e não de demolição; deve ser difundido lenta e prudentemente para que se cristalize aos poucos, na medida da compreensão de cada um; deve ser ministrado como uma bênção e não imposto como propaganda organizada, visando proselitismo, gerando cismas, abalando a fé, separando, dividindo.

No Espiritismo não pode haver sectarismo e o homem prudente não toma partido a favor ou contra conhecimentos cuja veracidade está fora de seu alcance e de sua capacidade.

Se o tentar fará obra de insensatez.

10
ASPECTOS DA DOUTRINA

Não é presunção afirmar que o Espiritismo, como doutrina, é inatacável porque seus fundamentos e postulados são por tal forma justos e perfeitos, tão benéficos e elevados que, por si sós, se opõem a toda crítica demolidora.

Não sendo doutrina elaborada pelos homens mas um conjunto de fatos e conhecimentos que se apóiam rigorosamente na realidade das coisas cósmicas, permanece fora de seu alcance e acima de suas investidas; revelação transcendente transmitida pelos mensageiros do Criador, sua influência na renovação das almas é decisiva e suas conseqüências no campo da vida social, mormente da que está por vir, deverá ser predominante.

Não sendo doutrina que descanse em dogmas, que se cerque de mistérios e não possuindo ritos que, quanto mais suntuosos e espetaculares, mais agradáveis se tornam ao paladar das multidões, tem que fazer seu caminho silenciosamente, por terrenos muitas vezes árduos, usando de recursos muitas vezes imprevistos e surpreendentes, mas sempre num sentido introspectivo, apoiando-se em elementos conscienciais que se vão formando aos poucos no íntimo de cada um, evoluindo na forma de um conhecimento que se cristaliza primeiramente como dúvida, depois como convicção e por fim como fé.

É uma doutrina, vamos dizer, de edificação interna e que, por isso mesmo dispensa cultos, cerimônias e exterioridades.

Respeitando em seus limites mais dilatados a liberdade individual e as diferentes condições de inteligência e de modos de ver do ser humano; acolhendo em suas fileiras homens de todas as raças, de todos os credos e de todas as cores, é verdadeiramente universalista e a todos permite a mais livre manifestação de pensamento e atos, somente exigindo que cada um por si mesmo se melhore em benefício de todos.

Não julga o pecador nem o ameaça com sanções inapeláveis mas indica o rumo certo, orienta e conforta; não castiga, mas exorta e estende a mão; sabe que todos estão aprendendo uma lição dura e por isso fala ao mesmo tempo à inteligência e aos sentimentos humanos, apontando-lhes horizontes claros e caminhos retos.

Estando, vamos dizer assim, em seu período de implantação, o Espiritismo vive mais dos alentos que lhe vêm do Alto, pela força dos Guias que das próprias atividades humanas encarnadas e por isso sua propagação é irresistível. Sim, é irresistível mas é lenta, por efeito da própria inferioridade moral da humanidade atual e daí o imaginar-se o que seria se fosse uma doutrina de homens, que dependesse dos homens, para viver e para permanecer!

11
MODOS DE COMPREENDER

Outro aspecto interessante é que há vários modos de compreender, de interpretar e de aplicar os conhecimentos que a doutrina oferece.

Para uns é ciência e se rotula como metapsíquica — o termo proposto por Richet e já hoje generalizado — para outros é filosofia e deve por isso estar entrosada no corpo de conhecimentos gerais denominado esoterismo; e para uma grande maioria é religião e deve possuir seus ritos e organizar seu culto.

Mas, para os que vêem mais fundo, ele não é nada disso e é ao mesmo tempo tudo isso. Mais uma vez foi sabia a Codificação quando asseverou que o Espiritismo é ao mesmo tempo ciência, filosofia e religião.

Eis pois uma das mais grandiosas possibilidades que a doutrina oferece aos homens: conduzi-los à verdade por quaisquer caminhos. E isso realmente se pode dar porque o Espiritismo é um conjunto de verdades baseadas nos próprios fundamentos da vida universal.

Por isso talvez pudéssemos dizer que o Espiritismo, na prática, é simplesmente um sistema de vida, fundado em leis naturais, periodicamente reveladas e que, no momento, o que já conhecemos dessas leis, está condensado na Terceira Revelação.

Na Terceira Revelação e em nenhuma outra doutrina, porque ela abrange todos os conhecimentos que as outras possuem e ainda lhes oferece aquilo que desconhecem.

Se nos detivermos em detalhes basta que citemos um exemplo: o esoterismo, que prega a espiritualização pela auto-iniciação dos adeptos oferece-lhes para isso somente o campo introspectivo da realização interna ao passo que o Espiritismo, além desse campo restrito e abstrato, oferece o terreno fecundo da experimentação, da investigação direta dos fenômenos da vida por meio da mediunidade e o contato imediato com todas as forças e entidades dos diferentes planos da vida universal.

Insensato pois, aquele que, por solicitações puramente intelectuais, abandona tais possibilidades, perfeitamente acessíveis, para perder-se em miragens no labirinto das cerebrações puramente humanas, ou de meras especulações metafísicas.

12
RUMOS NOVOS

Já é tempo de serem destruídas as barreiras que os homens com suas próprias mãos levantaram nos seus caminhos para Deus. Não poderão eles mais esconder-se atrás de dogmas e convenções por si mesmos criados, nem transferir para ombros alheios, de sacerdotes profissionais de cultos humanos, a responsabilidade de seus atos; nem esperar que fórmulas exteriores e superficiais façam o milagre de abrir-lhes caminho para as regiões etéreas onde não têm curso os bens materiais nem pode haver transações com os dons do Espírito.

Já é tempo dos homens caírem em si, abandonarem falsos deuses, assumirem responsabilidade de seus atos diretamente perante Deus, colocarem seu fardo sobre os próprios ombros e caminharem por seus próprios pés.

Já é tempo porque o Espiritismo coloca-lhes perante os olhos um corpo concreto de verdades indiscutíveis, um conjunto de conhecimentos claros e simples, acessíveis a todas as inteligências.

Estamos nos momentos da decisão e sobre nós paira o olhar do Cristo que tudo vê. Como nos tempos de sua vinda pode-se hoje repetir com João Batista: o machado já está posto à raiz das árvores.

Mas uma diferença existe que é esta: naquele tempo havia uma voz que clamava no deserto; hoje há milhares de vozes que clamam em toda parte anunciando a renovação do mundo e a separação dos homens.

Ouçamo-las pois e nos batizemos de novo não mais porém nas águas do rio mas nas luzes do Cristo, porque Ele para muitos é como o sol para os cegos: eles não vêem o sol mas sentem o seu calor e poderão vê-lo, mais hoje mais amanhã, quando seus olhos se abrirem.

13

SACERDOTALISMO

A circunstância, de todos conhecida, do Espiritismo, pode ser praticado por todos, do mais culto ao mais ignorante, prova à evidência que a doutrina é simples, admiravelmente acessível, maleável e flexível, apta a difundir-se em todas as camadas sociais como uma herança comum de todos os homens; é realmente uma doutrina de igualdade, liberdade e fraternidade.

Mas, por outro lado e por isso mesmo, é claro que dá margem a erros de interpretação e praticagem possibilitando, como já vimos atrás, abusos e empirismos.

No comum das religiões há cultos organizados, hierarquias rigorosas, regras invariáveis de ação e corpos de celebradores especializados que freqüentam escolas apropriadas, submetem-se a provas e proferem votos de obediência a chefes publicamente reconhecidos, que recebem castigos mais ou menos severos quando tentam agir por si próprios ou manifestar qualquer sentimento de independência pessoal; submetidos a uma disciplina rigorosa da qual não se podem eximir, abdicam de todo individualismo, a ponto de se considerarem, como no caso dos jesuítas, simples cadáveres vivos. Na maioria dos casos estão dentro de suas seitas como num cárcere.

Se isso lhes dá um grande poder temporal lhes tolhe por outro lado as possibilidades de evolução individual que se assenta, como sabemos, em grande parte, no livre-arbítrio.

No Espiritismo porém não há cultos nem sacerdotes ou melhor o culto é interno e o sacerdote é o próprio adepto porque há uma forte e poderosa compreensão de responsabilidade pessoal perante Deus e perante sua própria consciência, tendo em vista unicamente seu destino espiritual. E isso faz a lei.

Em cada comunidade simplesmente sobressaem os valores individuais que se destacaram por suas obras e os juízes dessa seleção não agem por interesses pessoais, mas gerais, visando o bem comum e a causa comum.

Esse interessante fenômeno, como é fácil de ver, só pode ter lugar em doutrinas que visam objetivos puramente espirituais, desinteressando-se de conquistas materiais, dominação, sujeição de massas, poder temporal.

14
Descentralização e União

O Espiritismo será doutrina universal nos dias que se aproximam mas, no momento, sua força expansiva reside, duma parte, na multiplicidade irresistível de suas manifestações e aspectos (o que corre por conta dos Guias) e doutra na sua extraordinária e singular descentralização (o que corre por conta dos homens).

Se é admissível essa descentralização por efeito de circunstâncias do momento não se compreenda porém isso em sentido errôneo: ela não deve significar desunião mas simplesmente multiplicação de núcleos de atividade social.

A união é em tudo necessária e condição primacial de sucesso de qualquer empreendimento de caráter coletivo.

Agora que a atual renovação se aproxima os Guias não cessam de recomendá-la para que todos cerrem fileiras em torno aos altos objetivos que visamos, tanto para o homem em si mesmo, como para o mundo em geral.

Se é verdade que as comunidades estão unidas em face aos pontos essenciais da doutrina, não é menos verdade que estão desunidas em relação à sua própria vida comum, em suas relações sociais, vivendo na maioria dos casos isoladas umas das outras, bastando-se cada uma a si mesma e descurando das necessárias ligações e da recíproca assistência material e espiritual.

Este é um problema cuja solução deve ser tentada por todos a fim de que ganhe mais força, mais amplitude e mais segurança, o já extraordinário movimento espiritual que a doutrina vem realizando no país e no mundo.

A renovação se fará nos Espíritos e no seio das sociedades futuras; suas modalidades e conseqüências não nos foram ainda reveladas e por isso é necessário que estejamos unidos e somemos as nossas forças para podermos enfrentar a situação, seja ela qual for, darmos os testemunhos que forem precisos e assegurarmos a preponderância da espiritualidade no mundo futuro.

Hoje, como antigamente, existem apóstolos e discípulos que interpretam e propagam os ensinos do Divino Mestre. Têm eles sobre os ombros um grande peso porque são vistos pela multidão como possuidores de conhecimentos mais avançados.

E, em face da renovação que se aproxima, suas palavras ganham maior autoridade porque se admite que são inspirados pelo Alto.

Que Tuas mãos, Senhor, os amparem nas suas vacilações; Tuas luzes lhes iluminem os caminhos; Tua misericórdia lhes permita guiar com segurança Teu rebanho às portas desse mundo renovado onde resplandecerão em pura chama todas as esperanças que agora possuímos de uma futura felicidade espiritual.

Espiritismo
Religião Redentora

1

ADVERTÊNCIA

O Espiritismo é uma doutrina de caráter universalista. Tem tríplice aspecto: filosófico, científico e religioso, sendo este último, no momento, o que consideramos de maior importância.

Como filosofia estuda e expõe sua própria finalidade e natureza; como ciência estuda e demonstra os fatos, com base, principalmente, na mediunidade; e como religião, esclarece os homens, encaminhando-os para a redenção espiritual, exigindo uma reforma moral, com base no Evangelho de Jesus, sem o qual tudo o mais será simplesmente aleatório.

Neste último caráter é que o Espiritismo se apresenta como revivescência do Cristianismo Primitivo, realizando não só o entendimento mas, sobretudo, a vivência dos ensinos deixados por Jesus em sua encarnação na Palestina, há quase dois mil anos.

Nesse caráter e nesse sentido é que escrevemos este modesto trabalho, oferecendo orientação e conselhos que julgamos úteis àqueles que desejam conhecer ou realizar a doutrina em sua vida religiosa.

O Autor

2
O QUE É O ESPIRITISMO

O Espiritismo não é uma superstição religiosa que o povo associa a esse nome, com o cortejo de fantasmas e bruxarias.

Não é uma religião de fanatismo ou de mistérios; nem tampouco o trato com os espíritos desencarnados representa algo sobrenatural, porque unicamente é a conseqüência normal e lógica de uma realidade milenar, praticamente demonstrável, que se tornou corriqueira.

Por outro lado, não tendo dogmas ou rituais, nem qualquer outra exterioridade de culto, se torna por isso a religião mais simples, mais objetiva, mais real e mais acessível que existe.

Também não é o Espiritismo simplesmente o hábito, muitas vezes desaconselhável, de tomar parte em qualquer "centro" de sessões, onde muitas vezes campeia a ignorância, onde se vai para pedir auxílio nos negócios, amores, vinganças ou, na melhor das hipóteses, para tomar passes e curar enfermidades: os "centros" se proliferam por toda parte, mas nem sempre praticam o verdadeiro Espiritismo.

Tampouco é o culto semi-religioso dos "terreiros" onde se mesclam heranças do catolicismo, do africanismo e das tradições aborígenes que tanto atraem o povo ingênuo não só por sua exterioridade espetacular (danças, cantos e libações) como também pela ligeireza dos "Pretos Velhos" e dos "Caboclos", muitas vezes bem-intencionados, mas ignorantes das leis espirituais como, por exemplo, a dos resgates, e desejosos também de fazer o bem ao próximo que por isso tanto promete e escravizam seus crédulos freqüentadores.

Finalmente, o Espiritismo não é o culto tenebroso das "macumbas", dos "candomblés" e das feitiçarias, que se ocultam na sombra, utilizando, quase sempre, como executores de seus malefícios, processos condenáveis de mentalismo a espíritos desencarnados, ignorantes e atrasados.

Nada disso. Por cima dessas crenças primárias a Terceira Revelação, a Doutrina dos Espíritos — que é o Cristianismo Redivivo, o Espírito de Verdade — prometido por Jesus, o Paracleto Consolador, que deveria vir em seu devido tempo e que já veio.

Codificado na França há um século, pelo insigne Hippolyte Léon Rival (com o pseudônimo Allan Kardec), preparado e sábio, o Espiritismo representa uma revelação feita diretamente pelos espíritos desencarnados em nome de Jesus num mesmo período de tempo e em vários lugares diferentes, não sendo, portanto, obra de um homem, de um concílio ou de uma seita.

É a doutrina consoladora que, no momento, se estende pelo mundo inteiro como uma bênção; que foi introduzida no círculo escolar de universidades americanas e que acaba de ser reconhecida na Inglaterra como religião oficial, em igualdade de condições com o Catolicismo e o Protestantismo inglês.

A doutrina que encerra todos os conhecimentos espirituais, ensinados no mundo desde a mais remota antiguidade, acrescentando-lhes ensinos tão amplos, profundos e transcendentais, que na atualidade se pode dizer que é quase completo o rol de conhecimentos que se tem nos mundos espirituais inferiores, adstritos à Terra, os únicos, aliás, que podem ser revelados a esta humanidade ainda moralmente tão atrasada.

A doutrina de tríplice aspecto — ciência, filosofia e religião — que prova as verdades, que prega, de maneira inegável, com o auxílio da mediunidade.

Divulgando o conhecimento, o desenvolvimento e a utilização da mediunidade, por intermédio da qual abrem portas do mundo invisível, e por intercâmbio espiritual mantido com entidades habitantes desses mundos (espíritos humanos, anjos, arcanjos, etc.), o Espiritismo pode autenticar os postulados fundamentais que lhe servem de arcabouço, a saber: a imortalidade do espírito, as vidas sucessivas, a reencarnação, o resgate das dívidas, a pluralidade dos mundos habitados e outras verdades transcendentes que nenhum indivíduo, de cultura verdadeiramente livre e independente, hoje se recusa a admitir.

A Mediunidade

O Espiritismo, mantendo pela mediunidade o intercâmbio entre os mundos, torna acessível ao povo um volume imenso de conhecimentos religiosos, que até agora haviam sido mantidos em segredo por conveniências sectárias ou em suas comunidades públicas. Abre suas portas acolhedoramente, sem restrições de qualquer espécie, a todos aqueles que desejam se apoderar do conhecimento dessas verdades.

O Evangelho

É a doutrina maravilhosa que ensina a viver segundo o Evangelho, fazendo imperativo o esforço da reforma íntima, pelo próprio adepto, sem interferência de sacerdotes ou pastores, sem temores de castigos injustos e sem o engano de promessas irrealizáveis de salvação. Viver segundo o Evangelho em seu íntimo, em seu lar, na sociedade da qual faz parte, no mundo em que habita; viver e não unicamente ler, interpretar ou predicar o Evangelho, tal é o lema atuante e imperioso do Espiritismo, lema que não é de fariseus, mas de discípulos sinceros e humildes que verdadeiramente desejam realizar sua redenção com o Cristo de Deus, servindo ao próximo, esquecendo-se de si mesmo e desprendendo-se do mundo, mas sem se alijar dele.

Muitos se dizem Espíritas, porque leram a doutrina e freqüentam sessões; mas não são espíritas verdadeiros a não ser os que vivem de acordo com as exigências do Evangelho.

O Espiritismo Verdadeiro

Para isso o espírita verdadeiro realiza uma custosa e demorada preparação, durante a qual luta para eliminar os vícios do cigarro, do álcool, da gula, da maledicência, do jogo, combater os defeitos como o orgulho, o egoísmo, a ambição, a inveja, a brutalidade e dominar as paixões inferiores da luxúria, da avareza, da sensualidade, buscando adquirir as virtudes opostas, que são fundamento da moral cristã e colaboram para a purificação do corpo e do espírito.

Enfim, o espírita verdadeiro luta com perseverança e com máximo rigor pela realização de sua reforma íntima, que é indubitavelmente a finalidade principal, iniludível da Doutrina dos Espíritos.

A Religião do Futuro

Essa é a futura religião do mundo, a que esclarece, consola, edifica e ampara seus adeptos e os impulsiona pelas sendas dolorosas das provas e das expiações para os braços acolhedores d'Aquele que é o Caminho, a Verdade e a Vida.

3
RELIGIÃO REDENTORA

Os Homens Primitivos

Os homens primitivos adoravam o sol, a lua, o vento, o trovão e outras manifestações elementares da Natureza. Sua inteligência, ainda rudimentar, não lhes permitia compreender a existência de um Deus criador, por detrás e acima de todas essas manifestações.

Por outro lado, como viviam ainda muito próximos dos animais, de cujo reino, ainda há pouco tempo haviam feito parte, possuíam eles instinto muito desenvolvido, grande força física, agilidade e ferocidade temíveis.

Nessa fase instintiva da vida semi-animal eram muito influenciados pelos espíritos protetores da raça humana, que os impeliam e ajudavam nesses primeiros passos, trôpegos e lentos, da evolução da espécie.

A Socialização

Com o correr do tempo, impelidos pela necessidade da subsistência própria e como defesa comum, foram se agrupando em cavernas e grutas, vivendo em promiscuidade animalesca.

A necessidade de defesa comum e o instinto sexual, a seu turno, foram aproximando os grupos, formando famílias, clãs, povos e raças, permitindo assim a constituição da sociedade atual.

Os Cultos Primitivos

À medida que foram evoluindo socialmente, os instintos religiosos foram também se modificando, formando as diferentes religiões e cultos que conhecemos. Do temor supersticioso de manifestações da Natureza, passaram a adorar objetos e símbolos que representavam as forças que temiam, formando as religiões fetichistas e totêmicas, ainda professadas por milhões de criaturas humanas, nas selvas da África, da Ásia e das Américas.

Evoluindo um pouco mais os homens desprezaram os fetiches e os totens e passaram a adorar deuses e semideuses que representavam as forças da Natureza, as virtudes e os defeitos humanos, suas esperanças e temores.

Essas entidades em grande parte habitavam lugares inacessíveis aos humanos, na Terra e nos céus. São as antigas mitologias oriental, egípcia, grega e romana.

Para outros agrupamentos esses deuses e semideuses se encarnavam em animais que, por isso, se faziam venerados e intocáveis, e havia povos que admitiam que os homens reencarnavam em animais cuja natureza e temperamento correspondiam aos seus próprios defeitos e paixões. Essa é a crença chamada de metempsicose, que o Espiritismo não aceita por não ser conhecimento verdadeiro.

O Deus Único

Mas continuando o mundo a evoluir veio, muito tempo depois, o profeta Moisés que, com as hordas hebréias que arrancara do cativeiro egípcio, formou a primeira religião monoteísta que admitia a existência de somente um Deus único criador e soberano.

Deu ao mundo os Dez Mandamentos e um código de leis baseado na justiça nem sempre executado por um sacerdócio rigoroso, fanático e inflexível. Expulso de sua pátria há quase dois mil anos esse povo mantém sua religião em todos os lugares em que vive.

O Messias Nazareno

Do seio desse povo, quase dois milênios depois, veio ao mundo, na Palestina, o Cristo de Deus — Jesus de Nazaré.

Cristos planetários são seres de altíssima condição espiritual que orientam, protegem e redimem as humanidades dos mundos celestes, que lhes estão como domínio espiritual no cosmo, aos quais governam e dirigem desde sua organização física até sua transformação em agrupamentos espirituais evoluídos e evangelizados, dignos de habitar mundos superiores e divinos.

Com Moisés a humanidade terrestre recebeu o Decálogo, que lhe forneceu diretrizes perfeitas de conduta moral e com Jesus regras de eterna beleza, no que se refere ao estabelecimento da vida social com base no amor recíproco entre todos os homens e no amor de Deus sobre todas as coisas, formando assim o Cristianismo, religião universal, na qual todas as doutrinas, seitas e religiões existentes na Terra já deviam neste momento estar fundidas.

Divisões no Cristianismo

Depois de Jesus, a religião que seus discípulos e seguidores criaram — o Cristianismo — sofreu inúmeras deturpações, partindo-se em inúmeras seitas que, por fim, com a oficialização que recebeu no reinado do imperador Constantino, foram todas combatidas e consideradas heréticas, prevalecendo somente a que foi recomendada sob o nome de catolicismo romano, que se formou com base nos Evangelhos de João, Mateus, Marcos e Lucas.

Permaneceu, porém, a divisão e o cristianismo, um pouco mais tarde, se separou em dois grandes agrupamentos, a saber: o dos católicos romanos, que obedeciam as ordens do bispo de Roma, transformado em Papa soberano, e o dos cristãos ortodoxos, cuja sede primitiva foi Constantinopla e que compreende os agrupamentos grego, armênio, sírio, copto, russo e outros, que prestam obediência aos seus respectivos patriarcas.

Séculos mais tarde, quase em nossos dias, se formou uma terceira grande divisão com a criação da religião reformada — o Protestantismo — fundado pelo frade Lutero e que rapidamente se espalhou por inúmeros países da Europa. Como religião é mais evoluída que as anteriores, porém, como as demais, partiu-se em inumeráveis seitas e congregações.

É fora de dúvida que essas três correntes religiosas — católicos, ortodoxos e protestantes — conseguiram perpetuar o Evangelho de Jesus através do tempo na vida social do Ocidente.

Quanto ao Oriente, este continua a seguir o Induísmo e o Budismo, que são seguidos pela maior parte dos povos que habitam a Ásia e a Polinésia, em grande maioria sobre toda a população do globo terrestre.

Espiritismo, a Religião Redentora

Mas como o mundo está se aproximando de uma época de terríveis provações coletivas, necessárias à transformação do planeta de mundo de expiação e de provas em um mundo de regeneração espiritual, o Cristo planetário determinou que, sobre esse panorama melancólico de divisão, de hostilização recíproca e de confusão religiosa, fosse lançada uma luz esclarecedora que não viesse dos homens, mas de Deus, pelas vozes autorizadas e sábias dos Espíritos, que comparticipam da direção do planeta e que, em nome do Verbo, transmitiram os conhecimentos trazidos pelo Espiritismo — a Doutrina dos Espíritos —, o Paracleto Consolador prometido por Jesus nos últimos momentos de sua peregrinação por este mundo, quando disse: "Não vos deixarei órfãos, mandar-vos-ei o Paracleto — O Espírito da Verdade — que vos ensinará tudo aquilo que não podeis ainda receber diretamente de mim". Esse Espírito da Verdade, que vem restabelecer o Cristianismo primitivo, completar os ensinos de Jesus — assinalar o caminho da redenção e preparar os homens para viver nos dias futuros, o reino evangelizado e maravilhoso do Terceiro Milênio, nesta mesma Terra, quando ela se transformar num mundo mais feliz. Esse agente iluminador é o Espiritismo.

4

Normas Básicas de Orientação Espírita

Todos aqueles que desejam conhecer o Espiritismo, freqüentando Centros ou reuniões particulares sem saber distinguir o bom do mal, o certo do errado, encontrarão inumerável diversidade nas instalações, na freqüência, no ambiente, nas fórmulas usadas e nos processos de trabalho, e naturalmente ficarão perplexos, sem poder formar juízo a respeito, preferindo muitas vezes abandonar o intento, afastando-se. No entanto, ainda que tenham informações suficientes para distinguir as práticas inferiores e saibam evitar, temerosos, as de magia negra, candomblé, macumba, etc., restringindo sua curiosidade aos meios espíritas propriamente ditos, ainda assim encontrarão diversidades e contradições cujas origens são complexas, como por exemplo: não ser o Espiritismo uma religião organizada em bases rígidas, com práticas uniformes e rituais fixos. Trata-se de uma Doutrina muito acessível, podendo ser compreendida facilmente e praticada por qualquer pessoa, sem necessidade de subordinação a sacerdotes ou pastores. Não há ainda satisfatória homogeneidade nos conhecimentos doutrinários por parte de dirigentes e adeptos. E, por outra parte, existem casos em que, por boa fé ou ignorância, são adotados, em determinados centros e grupos, rituais e práticas de "terreiro" — que não pertencem ao Espiritismo verdadeiro, resultando de tudo isso, como é natural, inevitável confusão.

Há também um certo número de centros espíritas e agrupamentos domésticos, cuja organização e condições de funcionamento deixam muito a desejar e não devem ser freqüentados pelos que buscam conhecer o Espiritismo verdadeiro.

Está claro que a Doutrina por si mesma não é responsável por essas irregularidades, mas também é certo que a situação, como está, se reflete perniciosamente sobre ela, criando obstáculos muito sérios à saudável e triunfante expansão e, de certo modo, comprometendo-a.

As instruções dadas aos centros mal orientados nem sempre são bem recebidas e muitas vezes negligenciadas, inclusive porque os dirigentes estão convencidos de que executam um trabalho perfeito, sobretudo, porque atuam com boa vontade e fazem toda a caridade que podem. Desse modo supõem que tudo está bem e assim prosseguem, sem notar os malefícios que causam. Há outros que por ignorância ou fanatismo julgam que basta obedecer cegamente aos "guias", sem se dar conta de que há guias bons e maus, sábios e ignorantes, e outros ainda que atuam de má fé, desprezando ensinos e conselhos, porque se valem do Espiritismo para explorar o povo, por exemplo, cobrando dinheiro pelos serviços prestados.

Por essas e muitas outras causas, todas razoáveis e justas, julgamos útil apresentar diretamente aos interessados este problema em seus diversos aspectos com claridade e sinceridade, para que, por si mesmos, se esclareçam e orientem, não só na escolha dos centros e grupos que devem freqüentar, como também no modo de formar juízo sobre tudo aquilo que virem, ouvirem, sentirem e que lhes ensinarem.

Estamos seguros de que o povo, estando bem orientado, escolherá o que convém, afastando as práticas condenáveis que se intitulam Espiritismo, mas que não o são.

Julgamos que o melhor meio é definir com exatidão quais são as finalidades principais e básicas do Espiritismo verdadeiro e quais as complementares; o que é fundamental e o que não é; o que deve ser aceito ou recusado, e também julgamos que a meditação sobre os detalhes que aqui focalizamos poderá influir sobre alguns dirigentes, para que mudem de processos e cooperem de forma mais correta e eficiente para a expansão da Doutrina dos Espíritos em nosso País.

Formulam-se, pois, as seguintes interrogações:

1) Qual é a finalidade principal do Espiritismo e como realizá-la?

2) Quais são as finalidades complementares e o que se pode a rigor considerar uma sessão espírita verdadeira?

Respondemos:

1) A finalidade principal não é, como pensa a maioria, realizar sessões, fazer caridade, conversar com os mortos, provocar fenômenos. No campo individual é o esclarecimento e a reforma íntima, a espiritualização, a evangelização do adepto; no campo coletivo, é a ação pessoal no bem do próximo, o serviço dando testemunho do Evangelho de Jesus tanto nos lares, como na sociedade em que vive, sem qualquer retribuição material.

2) As finalidades complementares são o aprendizado doutrinário, isto é, o conhecimento da doutrina em seus aspectos filosófico e científico; a assistência espiritual e material em todos os sentidos e o intercâmbio com o Plano Espiritual pela mediunidade, para manter sempre abertas as portas da revelação e, ao mesmo tempo, permitir àqueles que não crêem espontaneamente, as demonstrações de caráter experimental que lhes falta para formar suas convicções.

Vejamos agora o que se faz necessário por parte dos dirigentes para poder realizar a finalidade principal.

A evangelização dos adeptos exige imediata preparação psíquica para o início da reforma moral, cuja chave-mestra é a modificação sistemática, persistente, fundamental e mais ou menos demorada dos sentimentos íntimos, do modo de ver, de sentir e de atuar, em relação a si mesmo e em relação ao próximo.

Sem essa transformação de sentimentos não haverá alterações no campo dos pensamentos e dos atos, e todos os esforços de superação serão simplesmente remotos.

É necessário estudar o Evangelho e dar-lhe interpretação judiciosa e realista, sem complicações exegéticas ou violência, buscando sempre o sentido espiritual dos ensinos.

E, à medida que o adepto vá compreendendo esse sentido, deve ir pondo em prática, realizando na vida comum o que aprendeu dia a dia, hora a hora, a começar pelo lar, que é o campo de dever pessoal mais imediato — o do agrupamento social a que pertence, lutando para vencer-se a si mesmo e às condições quase sempre contrárias e hostis do meio ambiente, dando os testemunhos exigidos de tolerância, renúncia, humildade e, sobretudo, de serviço pessoal no bem do todo, sem retribuição material.

A vida de um homem influi poderosamente sobre a vida dos outros, e se ela é orientada no sentido do bem, esse bem se espalha com rapidez, beneficiando a muitos, e assim estendendo por toda parte a verdadeira fraternidade. Muito pode fazer um só homem no meio em que vive; veja-se, por exemplo, o que fez quase sozinho Paulo de Tarso.

É também preciso organizar um programa novo de vida visando, cada um, as transformações morais que devem ser realizadas em seu íntimo, combatendo vigorosamente os vícios, os defeitos e as paixões inferiores, começando pelos mais fáceis. Os viciados malvados e impuros espiritualmente não progridem.

Orar e vigiar sem descanso, dominando sempre as reações naturais de rebeldia, desânimo ou cansaço, mantendo sempre firmes os passos no novo caminho.

Somente assim conseguirá o adepto modificar os sentimentos e conseqüentemente pensamentos e atos, eliminar os vícios e os defeitos, e adquirir as virtudes morais indispensáveis à evangelização.

Para isso, nos centros espíritas e agrupamentos familiares bem orientados, deve haver conversas constantes sobre tais coisas, programas severos e rigorosos, aulas, cursos e escolas de evangelização, não permitindo que os freqüentadores continuem vivendo como anteriormente, interpretando a Doutrina como lhes convêm, conservando as mesmas falhas e dando assim um péssimo exemplo de incompreensão e de hipocrisia que, por fim, reverterão em descrédito da própria Doutrina.

Por que, se o Espiritismo não fosse capaz de reformar seus adeptos, conduzindo-lhes por caminhos mais perfeitos, que vantagens ofereceria em relação às demais religiões que assim procedem?

Com que direito se poderia dizer que ele é a Restauração do Cristianismo Primitivo, se os espíritas de hoje não procedem como os cristãos daqueles tempos?

Como afirmar que é o Paracleto, o Consolador prometido por Jesus momentos antes de sua crucificação, se a Doutrina não oferecesse verdades novas, mais avançadas e não fossem estas testemunhadas e comprovadas com atos, pelos adeptos em benefício do próximo?

Se uma doutrina é perfeita, mas não consegue modificar seus seguidores, melhorando-os, que vantagens poderá oferecer na remissão cósmica planetária? Não se tornará por fim inoperante? E a inoperância não significará porventura fracasso?

Tal, no entanto, não ocorre com a Doutrina dos Espíritos, posto que esta esclarece, orienta, testifica e redime e, pelo menos no nosso País, que é a Pátria do Evangelho e o Coração do Mundo (Brasil) — já está bem radicada no coração do povo, ingressando agora em sua fase de consolidação, apesar das falhas que assinalamos e que são naturais por se tratar de uma religião nova e que, nesse caráter, se expande de preferência em meio ao povo humilde, desvalido, inculto, exatamente como sucedia com o Cristianismo em seus primeiros tempos. Mas essas falhas que assinalamos, em sua maior parte, são responsabilidade dos próprios dirigentes atuais que, em grande número, por vários motivos, não estão ainda à altura das tarefas que lhes cabe realizar. Em primeiro lugar, a estes que são os que mantêm contato mais direto com o povo, depois aos líderes e responsáveis em geral, interessados como todos devem estar na expansão da Doutrina, devem provar que ela é perfeita e que basta à redenção do homem planetário. Mas isso exigirá deles uma preparação pessoal severa e rigorosa, porque não se pode exigir dos outros aquilo que não se é capaz de fazer por si mesmo.

Para facilitar o esforço, esse trabalho de evangelização, na Federação Espírita do Estado de São Paulo, se faz em todas as sessões públicas e a parte iniciática propriamente dita na Escola de Aprendizes do Evangelho, em um curso de quatro anos, dois anos para cada um dos graus em que se divide o aprendizado, findo o qual o adepto ingressa definitivamente na Fraternidade dos Discípulos de Jesus, e quanto à mediunidade, por onde vem a "revelação" existem escolas e cursos especializados.

O que temos visto nos convenceu que o que mais falta na propaganda espírita é rigor na preparação prévia e na conduta dos adeptos, capacidade de realização evangélica e de conduta pelos caminhos de reforma moral com segurança e decisão, como também restringir o sistema de prédicas inócuas e discursos literários, vazios de significação realizadora e descer todos, dirigentes e adeptos, à arena real dos feitos na vivência objetiva e sincera do Evangelho, os dirigentes à frente, indicando os novos rumos, aplainando os caminhos e conduzindo os freqüentadores à meta, com solicitude e competência, sem preocupações de exterioridades, vantagens pessoais ou personalismos enfermiços.

Quando tal coisa aconteça e cursos sejam criados por todas as partes como felizmente já está sucedendo, o Espiritismo será então compreendido em sua verdadeira significação, ganhará enorme prestígio e mostrará o que realmente é, a saber: o Cristianismo restaurado, o redentor da humanidade; e este será também o meio mais seguro e rápido de separá-lo das confusões existentes das explorações multiformes que se praticam em seu nome, sobretudo em relação às práticas inferiores, à cobrança indevida de serviços e às deformações que estão por todas as partes.

A maioria das pessoas que busca os centros espíritas visa a satisfação de interesses materiais e alívio para sofrimentos rebeldes, quase sempre resgates de culpas passadas; uma pequena minoria busca instrução doutrinária ou religiosa e raros, muito raros, são os que comparecem para se espiritualizar, para se evangelizar.

Pois essa é justamente a situação que deve ser invertida, passando a última classe para o primeiro lugar, isto é, a maioria do povo buscando os centros e grupos espíritas para se evangelizar com a reforma moral obrigatória como base.

Os centros espíritas devem ser verdadeiros templos cristãos inspiradores da mais completa confiança, onde se penetre com a segurança de que ali se receberá o melhor ensino, o melhor encaminhamento religioso, a mais segura orientação sobre as verdades espirituais.

Os dirigentes devem ser pessoas austeras, bondosas e competentes, cujas vidas sejam exemplos vivos de retidão, amor ao próximo e desprendimento das coisas materiais. Somente assim inspirarão confiança e merecerão o respeito indispensável por parte do povo.

Para tanto, na expansão da Doutrina e na sua prática, duas coisas devem ser consideradas com o maior rigor: A preparação dos dirigentes e a qualidade dos ensinos ministrados ao povo.

Necessita-se modificar os programas e explicar francamente as finalidades verdadeiras do Espiritismo, o que ele oferece e o que exige de parte dos adeptos para a reforma moral indispensável, explicando também que as curas, os auxílios materiais, o conhecimento dos fenômenos de efeito físico, a instrução doutrinária toda virá em seguida, como conseqüência do primeiro passo, como conseqüência da aceitação do principal, isso porque se o freqüentador não se interessa pela reforma íntima e só tem em vista exterioridades e benefícios pessoais, nenhum valor positivo agregará aos conhecimentos teóricos que receba.

Podemos agora definir uma sessão espírita como sendo a reunião de pessoas que buscam a verdade espiritual, promovendo sua reforma moral pela evangelização, pelo estudo da Doutrina e sua prática, pelo exercício da fraternidade universal e pela permuta de consolação e auxílio segundo os ensinamentos de Jesus, o Divino Redentor, que é para todos nós, o Caminho, a Verdade e a Vida, a esperança consoladora na morte e a segurança de uma felicidade radiante na vida eterna.

DEMONOLOGIA

1

Preâmbulo

Na distribuição de matéria para o ano em curso foi-me arbitrado o tema anunciado para esta palestra; tema desagradável, pouco atraente porque se refere ao conhecimento e às manifestações das forças do mal, das quais sempre se foge por temê-las com plena justiça: forças que nos rodeiam por toda parte, na crosta como no umbral, como nas trevas, em todos os diferentes setores da vida espiritual inferior e infeliz.

Muito mais agradável seria, naturalmente, falar sobre as forças e as entidades que gravitam nas órbitas da luz e do amor, das quais vêm sempre sobre nós estímulos, consolação e alegria.

Nosso tema é: demonologia, teoria dos demônios, poder das trevas, Lúcifer, exílio dos anjos rebeldes, em planetas inferiores.

Cada um destes tópicos poderia ser motivo de uma palestra em separado porém, como estão todos eles juntos, vamos passar sobre eles uma rápida vista de olhos para nos desobrigarmos de nossa penosa tarefa.

2
TEORIA DOS DEMÔNIOS

Demonologia é o estudo e o conhecimento dos demônios e suas multiformes manifestações. Em um ambiente como este, de espíritas, a primeira pergunta que surge, naturalmente, em muitas bocas será esta: Existem, pois, demônios?

E a resposta que damos é que sim, que existem demônios; não como o querem e ensinam as religiões dogmáticas do ocidente e do oriente, mas como o Espiritismo o demonstra e esclarece.

Estas religiões citadas têm mantido em torno a este termo as maiores confusões e feito do demônio um instrumento utilíssimo de sua propaganda e sobrevivência.

Elas dão o demônio como sendo uma entidade individual, poderosa, maléfica, senhor das trevas, rei dos infernos, adversário de Deus, cujas atividades são incessantes e se resumem em tentar os homens encarnados, desviá-los do caminho de Deus, arrastá-los para seus antros infernais e aí eternamente torturá-los.

Para o Espiritismo, todavia, demônios são todos os Espíritos inferiores, devotados à prática do mal; a legião desses inumeráveis irmãos nossos, ainda retardados na evolução, ignorantes do bem e que vivem nas regiões sombrias do umbral e das trevas.

Esta questão demonológica está intimamente ligada à conceituação filosófica do bem e do mal, forças imanentes da criação, equilibrantes da evolução humana nos graus inferiores da vida espiritual.

E foi muito bem definida na religião persa[2], fundada por Zoroastro, quando ensinou que há dois anjos maiores que interferem na vida do homem: um denominado Ormuzd — o anjo bom — e outro, Arihman — o anjo mau —; ambos trabalham exercendo sobre o homem seus poderes, dando a este todas as oportunidades de experimentação; e que no fim dos tempos todos os três, a saber, o homem e os dois gênios, entrarão juntos no paraíso.

Esta alta concepção de verdade ainda é hoje seguida por uns cem mil adeptos — os parsis — remanescentes dos antigos zoroastrinos e que tendo se exilado da Pérsia com a invasão muçulmana, há séculos, residem hoje em Bombaim, na Índia.

O Espiritismo ensina que o mal é unicamente a ignorância do bem e, portanto, não é coisa que exista por si mesmo, em caráter definitivo; os seres vivos foram criados para a felicidade eterna, e, na criação, Deus deu ao homem tudo o que ele precisava, a saber: imortalidade, liberdade de escolher seus próprios caminhos, inteligência para discernir as coisas e a eternidade como prazo.

Após atingir certo degrau da escada evolutiva o mal desaparece do caminho do homem e à sua frente ele divisará somente horizontes claros e escampos, cada vez mais claros e benévolos.

Com a arma do Evangelho na mão — Evangelho como vida e não como conhecimento teórico — o homem superará o mal e conquistará o bem para sempre.

Assim, pois, os demônios somos nós mesmos em nossos dias de ignorância e de imperfeições morais e enquanto habitarmos os planetas inferiores, onde há choro e ranger de dentes.

Nas nossas mãos está o nos transformarmos de demônios em anjos, arrancando de nossos Espíritos as raízes ainda tão profundas de maldade que ali vicejam, de inveja, orgulho, egoísmo, hipocrisia, maldade, enfim, em todos os seus horripilantes aspectos.

---

[2] Para melhor detalhamento do assunto, ver capítulo 4 de *Religiões e Filosofias*, do mesmo autor. (Nota da Editora)

Por isso é que Jesus sempre recomendou e com insistência: sede perfeitos e vinde a mim que sou o caminho, a verdade e a vida.

Assim, pois, a pergunta formulada no início está respondida: existem demônios, que somos todos nós, todos os Espíritos nos degraus inferiores da evolução, ainda capazes de praticar o mal como norma; mas não existe um ser todo poderoso, denominado Satã, que corporifica a maldade do mundo e que faz sombra ao poder de Deus, pelo exercício dos vastos poderes que tem sobre os homens, na eternidade das penas.

3
LÚCIFER

Segundo lenda cultivada por religiões ocidentais Satã é o anjo caído do céu por se ter rebelado contra Deus.

No céu havia, anteriormente, perfeita harmonia e tudo era um remanso de paz e de bondade quando o Senhor Supremo convocou as hostes celestiais para lhes mostrar o Filho Unigênito, o Cristo, com o qual partilharia das glórias do trono celestial.

Porque ele, o Pai, operava por seu Filho, o Cristo, na criação de todos os seres e de todas as coisas.

Por isso é que no princípio era o Verbo, e o Verbo estava com Deus e o Verbo era Deus e tudo o quanto foi feito, foi feito por Ele.

E assim estavam presentes ali, perante Deus e o Cristo, todas as hierarquias celestiais, a saber: os tronos, as dominações, os principados, as potestades e todos os anjos e os ministros de Deus, radiantes de luz e de sabedoria e mais abaixo os altos Espíritos senhores da graça e portadores da palavra do Verbo para todos os atos da criação de Deus.

E com eles estava Lúcifer — o filho da alva — o primeiro dos querubins cobridores, santo e incontaminado, sobre quem toda a glória de Deus no seu trono se refletia até quando Deus disse:

— "Tu, Lúcifer, és o aferidor da medida, cheio de sabedoria e perfeito em formosura. Estavas no Éden, no jardim de Deus e toda a pedra preciosa era a tua cobertura. Eras o querubim ungido para proteger, como te estabeleci. Estavas no monte santo de Deus e no meio das pedras afogueadas andavas. Perfeito eras nos teus caminhos desde o dia em que fostes criado, até agora, quando se achou iniqüidade em ti."

Elevou-se o teu coração por causa de tua formosura, corrompestes a tua sabedoria por causa do teu resplendor. Porque tu pensavas assim, no íntimo do teu coração: "acima das estrelas de Deus exaltarei o meu trono e serei então semelhante ao Altíssimo".

E Lúcifer, com aqueles sentimentos de seu coração, rebelou-se contra Deus e saiu da frente de Deus e foi para junto das hostes celestiais insuflando-lhes a rebeldia e a ambição pois lhes afirmava que assim dominariam grandes extensões do Universo e numerosos mundos ficariam debaixo de seu poder.

E o céu se dividiu em dois campos e foram inúteis todas as intercessões e todas as advertências amorosas dos austeros membros do Conselho dos Anjos e inútil a advertência do próprio Cristo de Deus, cujo coração se amargurava de dor pelo desvio fatal daquele querubim amado de Deus.

E, então, por fim, foi deliberada a expulsão de Lúcifer e deu-se a sua queda fragorosa nos abismos do espaço infinito. Deus não destruiu o Espírito rebelde mas somente o alijou do convívio dos céus marcando-lhe habitáculo nas regiões sombrias dos abismos.

E assim até hoje o anjo transformado em Satã, senhor dos infernos, isto é, das regiões inferiores, comanda legiões de Espíritos malignos e tenta o mundo com suas falaciosas promessas de domínio e gozo.

É o princípio do mal que mostra aos homens o lado mau das coisas, o lado negativo dos sentimentos e concorre por isso para a evolução, fornecendo campo às experiências mais dolorosas e definitivas dos setores do erro e da maldade.

Esta é a lenda do Espírito das trevas que foi expulso dos céus por ter se rebelado contra Deus não na concepção dogmática de personificação do mal para sempre, deus dos infernos e dos castigos eternos, mas na concepção espiritualista do bem e do mal como agentes solidários na evolução da humanidade.

4
EXÍLIO DOS ANJOS

Porém, analisado o assunto mais a fundo, verificamos que esta lenda é uma simples analogia referente aos Espíritos habitantes de outros planetas e astros e que foram exilados na Terra por se terem tornado incompatíveis com as humanidades mais evoluídas daqueles orbes.

Esses Espíritos não eram demônios, nem tampouco seres angélicos, mas unicamente Espíritos em evolução, muito mais adiantados que os habitantes da Terra sem a menor dúvida, tanto assim que na Bíblia são citados como "Filhos de Deus" que tendo visto e achado formosas as filhas dos homens, com elas se consorciaram e geraram filhos. A Bíblia se refere também à queda de Adão, um ser purificado, saído das mãos de Deus, que habitava um paraíso e que foi dele expulso por se ter deixado tentar pelo pecado.

É outra alegoria sobre Espíritos exilados de outros orbes a que nos referimos e dos quais o Espiritismo nos fornece hoje apreciável subsídio.

Há na mitologia grega e em outras fontes antigas várias informações referentes a esse notável acontecimento espiritual da Terra e o esoterismo também guarda tais notícias nos seus códigos.

Portanto, estas lendas todas e tradições históricas do setor espiritualista referem-se ao exílio na Terra de Espíritos habitantes de outros orbes como, por exemplo, Vênus e, sobretudo, Capela[3], a estrela alfa da Constelação do Cocheiro.

Essas transmigrações de almas de uns mundos para outros conquanto sejam fatos de grande relevância não são, todavia, coisas sobrenaturais e fazem parte do intercâmbio mantido entre as humanidades dos sistemas planetários, em benefício recíproco, visto que assim as mais evoluídas dão a mão, por meio destes enxertos vivos, às mais atrasadas, permutando conhecimentos e virtudes de toda espécie.

Não havendo espaço para maiores explanações, vamos prosseguir fazendo um resumo rapidíssimo das diferentes manifestações dos Espíritos do mal, que enchem o céu e a terra, para tormento dos homens e edificação de suas almas.

[3] Ver *Os Exilados da Capela*, do mesmo autor. (Nota da Editora)

5
O PODER DAS TREVAS

Essas manifestações, para o Espiritismo, podem ser agrupadas nas perturbações espirituais de 1°, 2° e 3° graus, a saber: encostos vulgares, obsessões, possessões, fascinação, etc., que o Espiritismo cura[4] e vulgariza, até as formas mais graves de vampirismo em suas variadas formas.

As perturbações de 1° grau, que o povo vulgarmente chama de encostos são devidas, em sua maior parte à interferência de Espíritos nem sempre maus mas sempre perturbados e ignorantes, o mais das vezes familiares de suas vítimas e para elas atraídos por afinidades afetivas ou vibratórias, inconscientemente.

As de 2° grau já são interferências de Espíritos maldosos e na maior parte dos casos, conscientes.

As de 3° grau são sempre Espíritos maldosos, que se apossam do corpo e da vontade da sua vítima por ódio, vingança, etc., levando-as à prática de vícios e atos nefandos.

Os casos de vampirismo formam um setor bastante amplo e doloroso, representando malefícios difíceis de serem curados, mormente os referentes ao vampirismo sexual, porque nestes casos, tanto o encarnado como o desencarnado são solidários na perpetuação do mal, no qual se comprazem por viciamento ou fraqueza própria.

Os fluidos pesados necessários ao exercício do vampirismo são obtidos pelo Espírito desencarnado do próprio paciente encarnado ou de fontes naturais como túmulos, etc.

---

[4] Ver capítulo de *Mediunidade*, do mesmo autor. (Nota da Editora)

Nos mundos inferiores como o nosso as forças do mal se localizam indiferentemente na crosta, entre nós, como nos umbrais correspondentes, onde os Espíritos se apresentam parte livres e conscientes; e parte recolhidos em abrigos e lugares de assistência e parte retidos em verdadeiros campos de concentração, debaixo do guante de chefes maldosos e violentos que os atemorizam.

E há ainda uma ordem de Espíritos mais temerosos ou dignos de lástima que tem seu hábitat na região que se chama Trevas, na subcrosta, onde vive em relativa liberdade, formando aglomerações mais ou menos densas em cidades e países diferentes.

Nesses planos de vida inferior é que estão localizados os quartéis-generais dos exércitos do mal e onde seus chefes — os Espíritos infernais — dirigem as manobras escusas tendentes a propagar o mal pelo mundo.

Esses planos da subcrosta atingem às vezes grande profundidade nas regiões ígneas, onde se vê que não são totalmente destituídas de fundamento as afirmativas das religiões dogmáticas que aí localizam os seus infernos, onde as almas pecadoras pagam penas eternas, abandonadas de Deus e completamente entregues aos agentes das sombras.

As fronteiras vibratórias dessas regiões sombrias são defendidas por muralhas de fogo etéreo e suas habitações todas refulgem em chamas quando de longe se as avista, como incêndios, tão violentos e maus são os pensamentos e sentimentos dos seus habitantes.

Os Espíritos dedicados às tarefas santificantes de salvamento penetram nessas regiões após sofrerem dolorosas adaptações e nunca o fazem sem a certeza de uma proteção imediata e sempre atenta.

Dali afastam todos aqueles que já suficientemente saturados de mal e ansiosos de melhoria lançam seus apelos desesperados arriscando a própria liberdade de locomoção.

Há ali a mais rigorosa vigilância e disciplina, sendo utilizados métodos e sistemas hábeis de organização e trabalho.

Todos os Espíritos que caem no domínio dessas organizações maléficas dificilmente se libertam e todo pensamento desse teor é imediatamente captado em postos de escuta, localizado o emissor e violentamente castigado.

Os defeitos da alma são ali aparentes como estigmas do corpo, de forma que todos trazem no rosto e no corpo pústulas, cancros, mutilações, podridões de toda espécie que tornam a atmosfera pesada, asfixiante, repugnante.

Torres de vigilância dotadas de aparelhagem sensível se espalham por toda parte, para captar os pensamentos dos habitantes, bem como revelar a presença ou aproximação de Espíritos que fazem parte das tarefas de salvamento e que se agrupam em várias e piedosas fraternidades de irmãos.

Desses planos sombrios partem as ordens mais severas e violentas sobre a propagação do mal pelo mundo, a conquista de adeptos, a neutralização de adversários ou sua eliminação, como também a doação de poderes a todos aqueles que se tornem expoentes maléficos na crosta entre os encarnados.

Os chefes desses exércitos da sombra são sempre Espíritos competentes e inexoráveis, muitas vezes de alta capacidade científica que detêm em suas mãos grande soma de poderes e os utilizam de forma impiedosa.

Países inteiros muitas vezes, como a história o demonstra, caem nas garras desses agentes do mal, tornando-se sua presa indefesa e assim se deixam arrastar para a desgraça.

Não temos visto o que vem acontecendo, mesmo nos nossos dias, com a Alemanha, por exemplo, que já por duas vezes seguidas foi arrastada pelas sendas da desgraça? E o mesmo não aconteceu agora com a Itália e com o Japão e o mesmo ainda não vai acontecer dentro em pouco com outros países?

Conquanto tais acontecimentos possam se enquadrar na evolução geral do planeta, todavia por outros rumos se poderia subir e progredir, sem ser pelos caminhos do mal, da violência, da corrupção, da impiedade.

Por esses caminhos somente os agentes do mal conduzem os povos, quando desconhecem ou desprezam os ensinamentos de Jesus, o suave condutor, e se afastam das normas da vida moral visando o império da força, dos bens materiais e das paixões animais.

André Luiz, o querido amigo, a quem tanto devem os espíritas em geral pelo esforço que tem feito de ampliar os horizontes do conhecimento espiritual, em suas magistrais obras, sempre tem se referido a esferas do umbral, sem descer aos planos das trevas, pelo critério altamente louvável de não disseminar conhecimentos perigosos em mentes fracas e Espíritos ainda retardados, tendentes ao mal ou passíveis de sua tentação.

O pouco que tem dito é muito em relação ao estado moral ainda tão precário do homem de nossa época, em cujo coração os ensinamentos religiosos de Jesus não dominam, suplantados como estão pelos interesses materiais e pelos sentimentos de animalidade inferior.

Encarando agora as manifestações das trevas, não já no conceito do Espiritismo, porém no do esoterismo em geral, vemos que elas podem ser classificadas de muitas formas, dentre as quais destacamos as seguintes: necromancia, transmutações, filtros e encantamentos, magia negra, sabats, alquimia diabólica, sacrifícios de sangue, obsessões coletivas e vampirismo em geral.

Cada um destes títulos pode ser motivo de extensas explanações porém nos limitaremos a um golpe de vista muito rápido sobre todos eles, já que se encontram todos enquadrados no tema desta palestra.

Necromancia

Arte da invocação dos mortos por meio de processos mágicos com finalidades pouco edificantes e no mais das vezes para maus fins.

Segundo a necromancia há três espécies de Espíritos desencarnados: os cativos, os errantes e os livres. Classificação esta que não se afasta da verdade porque, realmente, há Espíritos cativos no umbral e nas trevas, há os errantes no espaço e no convívio dos homens na crosta e há os livres, nos céus e na terra, no desempenho de tarefas de auxílio, criação e administração do cosmo.

Para o esoterismo em geral, quando ocorre o fenômeno chamado morte, o Espírito volta ao céu deixando após si dois cadáveres — o terrestre e o astral: decompondo-se o primeiro no túmulo e o segundo em cemitérios astrais ou permanecendo junto aos túmulos em certos casos.

Esses cadáveres astrais é que, segundo o esoterismo, surgem aos homens nas invocações.

Para as religiões dogmáticas ocidentais a alma após a morte vai para o céu donde não pode sair; ou para o purgatório aguardando ida para o céu, donde da mesma forma não pode sair ou então para o inferno definitivamente donde também não pode sair.

Os Espíritos que aparecem nas invocações e nas sessões espíritas são demônios, os únicos que têm liberdade de andar pelo mundo gozando do mesmo direito que possuem os anjos.

O Espiritismo porém esclarece que há perfeito e intenso intercâmbio entre encarnados e desencarnados e nas sessões espíritas há plena facilidade de convívio entre uns e outros. Quanto às invocações elas se podem dar sem a menor dúvida acudindo aos apelos dos homens, Espíritos desencarnados, sempre que haja conveniência ou permissão.

As invocações todavia devem ser feitas com o maior critério e discrição porque os desencarnados não estão à nossa disposição e muitas vezes nem mesmo podem receber o chamado nosso.

A maioria dos Espíritos que se manifesta é composta por almas ainda bastante materializadas ou presas à Terra por afinidades sentimentais; e que os Espíritos já suficientemente evoluídos sobem para atividades em regiões superiores desprendendo-se da Terra.

A necromancia pois invoca os mortos, muitas vezes contrariando leis espirituais e por isso sofre-lhes as conseqüências. Exemplo clássico dessas invocações é a realizada por Eliphas Levi, em Londres, no século passado. Após complicada preparação, vestido a caráter, dentro do círculo mágico, com a varinha mágica na mão, invocou o Espírito de Apolônio de Tiana, grande mágico da antiguidade e surgiu-lhe um fantasma sombrio com o qual não pôde trocar uma palavra sequer, tão perturbado e amedrontado ficou perdendo em seguida os sentidos e ficando durante dias com o braço, que segurava a espada mágica, adormecido e inerte.

Compare-se então isso que se passou com o famoso expoente da magia, um dos maiores e mais célebres escritores ocultistas, com o que ocorre diariamente nas sessões espíritas onde o povo confraterniza com os Espíritos com a maior naturalidade, segundo os ensinamentos espíritas e veja-se o quanto se tem progredido neste campo do conhecimento espiritual.

A necromancia contudo continua a existir praticada em antros escuros por curandeiros e macumbeiros ignorantes, que mantêm comércio com Espíritos das trevas, aptos à prática do mal.

Transmutações

No ocultismo e na magia, transmutação é a mudança de uma coisa em outra, tanto no plano material como no espiritual. Os alquimistas antigos, por exemplo, tentavam transmutar qualquer metal em ouro, coisa que hoje a ciência já pode conseguir pelo conhecimento que tem da física nuclear; como também os sacerdotes egípcios, por exemplo, operavam no campo espiritual produzindo curas, alterando mentalidades para dominar o povo.

O ocultismo admite que os próprios seres vivos sofrem transmutações, citando casos de mudanças de homens em animais como serpentes, lobos, elefantes, pássaros, fenômenos realmente nada raros principalmente entre os aborígenes da África e das ilhas orientais.

A história do esoterismo registra transmutações ocorridas antigamente como, por exemplo, o caso de Apuleio, que se transmutou em asno e este mesmo fala de uma mulher que via se transformar em pássaro.

A Bíblia cita o caso do rei Nabucodonosor, que se transmutou em um boi e pastava no campo, voltando mais tarde a ser o que fora antes.

Na Índia são muito comuns os casos de homens que se transmutam em tigres e elefantes, leões e outras feras, e muito populares são os chamados lobisomens, que é a transmutação de homens em lobos ou cachorros, casos cientificamente denominados licantropia.

Estes últimos casos têm sido estudados bem de perto, na África principalmente, nas colônias de europeus, e tem-se constatado a existência de indivíduos que operam tais transmutações. Foi verificado que os corpos físicos destes homens permanecem adormecidos em determinados lugares, enquanto eles transformados em animais, vagam pelas imediações ou para bem longe, percorrendo extensas regiões com incrível rapidez.

Verificaram também que o local onde deixam o corpo físico é situado, de preferência, junto a um formigueiro, e que qualquer ferimento produzido no animal em liberdade atinge o corpo do indivíduo, produzindo às vezes a própria morte.

O que prova que se trata de indivíduos que se transmutam em animais é que no dia seguinte eles contam o que viram em lugares distantes como também porque acabam ficando conhecidos como feiticeiros perigosos que se transmutam em animais, devido a outras provas já recolhidas antes.

Há algumas explicações para tais fenômenos, porém o mais plausível, segundo pensamos, é que ocorrem dois fatos: 1º) o indivíduo concentra-se e desdobra-se no local onde vai deixar o corpo; 2º) assim desligado do corpo físico incorpora-se no corpo do animal para o qual sente afinidades físicas e psíquicas e, então, incorporado nesse animal pratica os atos que correspondem aos instintos próprios de ambos.

Citarei unicamente dois casos: uma caravana de europeus, na África, estava isolada no deserto, sem alimentos, aguardando um socorro que tardava muito; um dos membros do safari (grupo de negros carregadores e guias) ofereceu-se para procurar notícias do socorro e horas depois veio informar que este se achava retido pelas águas de um rio, a uns 100 quilômetros de distância. Verificaram que esse negro se transmutava em lobo.

Uma feiticeira, em Nairóbi, apaixonou-se por um rapaz europeu e transmutou-se em uma gata para penetrar na residência deste; porém tanto se esfregou nas pernas do rapaz que este deu-lhe um pontapé atirando-a pela porta afora. No dia seguinte a mulher estava de cama com a perna quebrada e tomou violenta vingança contra o pobre moço.

Enfeitiçamentos

Todo pensamento mau já por si mesmo representa um ferimento que se faz naquele sobre quem o pensamento é dirigido, e todo ato hostil visando atingir o próximo é já um princípio de homicídio, porque realmente fere a vítima, podendo produzir sérias conseqüências.

Esta é uma regra seguida pelos ocultistas e que em grande parte é verdadeira, e pela qual se vê o quanto maleficiamos o próximo a todo instante com os nossos maus pensamentos.

Esta é a base dos enfeitiçamentos que se divide em duas categorias: enfeitiçamentos voluntários, quando o mal é feito deliberadamente, e involuntários quando se o faz inconscientemente.

Pensamentos de ódio, inveja, paixões fortes, desejos de vingança, etc., dão base forte aos enfeitiçamentos, mesmo inconscientemente.

O tipo mais popular do enfeitiçamento é o chamado "involvement", envolvimento, quando o operador batiza uma boneca de cera ou madeira com o nome da vítima e em datas e horas certas enfia-lhe agulhas, espinhos, alfinetes ou produz-lhe ferimentos que se reproduzem no corpo físico da vítima chegando mesmo a produzir a morte.

Quando a força do próprio operador não basta, ele invoca os Espíritos inferiores do mal que completam o trabalho, como ocorre constantemente nos casos de macumbas e terreiros, tantos são os males que produzem.

O Espiritismo, entretanto, explica que o fim de todos os macumbeiros é terrível e sombrio porque eles são sempre vitimados pelos próprios Espíritos de que lançam mão, os quais os escravizam e dominam de forma irresistível, perturbando-os completamente.

Para eles bem depressa se realiza o axioma evangélico de que cada um recebe segundo suas obras e colhe os frutos do que semeia.

Filtros e encantamentos

Os filtros são beberagens utilizadas pelos feiticeiros e magos para os mais variados fins: para produzir amor, para modificar o corpo físico, para criar paixões da alma, para enlanguescer ou dar força, para produzir a morte como também para dar formosura ou prolongar a vida.

Via de regra, é sempre uma mistura de substâncias repugnantes, manipuladas quase sempre por indivíduos ignorantes inescrupulosos ou criminosos inteligentes.

Plantas são preparadas para perturbarem pelo perfume, roupas para produzirem moléstias pelo contato, luvas para tornarem as mãos mirradas; animais são alimentados com venenos para produzirem doenças e mortes; paredes são recobertas de estofos ou enfeites para encantarem ou produzirem perturbações e o próprio ar, às vezes, é saturado de odores capazes de influenciarem ou atraírem Espíritos.

Não se vê isto nas tão populares defumações? Elas atraem certos Espíritos.[5]

Objetos inúmeros são imantados para produzirem imunizações ou atrações espirituais, como amuletos, bentinhos e outros.

Na Idade Média o veneno dos répteis, o suco das plantas e até mesmo o sangue dos sacrifícios humanos eram utilizados para preparar filtros e encantamentos e os indivíduos que lidavam com isso eram sempre tidos como feiticeiros que tinham parte com o demônio.

Magia negra

A alquimia, ciência rudimentar dos antigos sábios, degenerava quase sempre em magia negra, porque os magos e alquimistas prometiam quase sempre fabricar ouro e quando seus patrões os pressionavam pela demora eles mistificavam para ganhar tempo, até que à vista de ameaças mais violentas caíam na mais sombria corrupção psíquica, entregando-se em mãos de Espíritos inferiores que os levavam às praticas mais abjetas e maldosas.

São conhecidos os casos de Gil de Rots, na Bretanha e muitos outros famosos alquimistas de reis e imperadores. Na Idade Média muitos deles acabaram nas fogueiras da Inquisição porque realizavam sacrifícios humanos, como no passado.

Realmente a história mostra antigos vínculos para este procedimento estúpido, pois muitas religiões antigas o praticavam como, por exemplo, os fenícios e cartagineses, com o seu Moloque, os astecas do México, os judeus com seus bois, carneiros e pombos, etc.

Na Idade Média, porém, os magos negros sacrificavam seres humanos para obter favores ou resolver casos pessoais de pessoas poderosas, dentre cujos métodos sobressaía a missa negra que empregavam em casos extremos quando outros processos falhavam.

[5] No tema 43 de *Na Semeadura I*, o autor detalha esse assunto. (Nota da Editora)

É conhecido o caso de Catarina de Médicis, rainha da França, que não tendo conseguido remédio para o mal que estava matando seu filho, o rei legítimo, recorreu a um ato destes.

Essa missa era rezada por sacerdote suspenso de ordens, seguindo um ritual apropriado, que terminava pela degolação de uma criança de tenra idade, por cuja boca, depois de morta, o Espírito do demônio deveria responder à consulta feita pelo interessado.

Nessa noite terrível, quando a cabeça palpitante da criança foi posta sobre o altar, sua boca se abriu e pronunciou as seguintes palavras em latim: *Vim Patior*, que quer dizer: "fui forçado a isto" dando assim a entender que atuava sobre o príncipe provocando aquela moléstia, obrigado por forças superiores.

O moço rei ficou tão horrorizado com aquilo, que desandou a gritar, pedindo que retirassem dali aquela cabeça e assim sempre gritando ainda passou alguns dias, morrendo em seguida.

Os sabats

Este termo oferece logo a idéia de orgia diabólica, reunião de duendes, feiticeiros, demônios. Entretanto nem sempre isso ocorria.

Quando, por ordem do imperador Constantino, o cristianismo foi oficializado, transformando-se em uma religião política, todas as práticas da magia e da iniciação esotérica foram proibidas e perseguidas cruelmente, obrigando seus adeptos a se reunirem em círculos fechados, em lugares secretos, distribuindo senhas e usando as maiores restrições nos seus trabalhos.

Escolheram o dia de sábado para isso, por ser este o dia de repouso dos judeus, que em grande número faziam parte destas agremiações. Mas como a partir daí os judeus passaram a ser também perseguidos como heréticos, o dia dessas reuniões ficou sendo símbolo de diabolismo, heresias, atos maléficos.

Mas como realmente essas reuniões acabaram por serem freqüentadas por indivíduos nem sempre idôneos, havendo intromissões de Espíritos inferiores, agentes do mal, em toda parte presentes e vigilantes, as reuniões degeneraram em culto diabólico com cenas de deboche e de corrupção.

E mais tarde, com o desdobramento das perseguições ali se açoitavam, no segredo, os feiticeiros, magos negros, adivinhos, aventureiros de toda espécie que comungavam com os Espíritos maléficos e fraternizavam entre si, mutuamente se protegendo.

Segundo a lenda nesses sabats os neófitos enfrentavam animais repugnantes e bodes descomunais sentados em tronos, representando o diabo em pessoa o qual, havendo submissão e boa vontade, conferia poderes sobre os homens e sobre as coisas da natureza.

Por outro lado os Espíritos da sombra se aproveitavam dessas reuniões para fraternizarem com os homens, entre os quais havia muitos dotados de faculdades mediúnicas de efeitos físicos, que permitiam os mais variados fenômenos, inclusive materializações de corpo inteiro, estabelecendo-se assim entre eles a mais repugnante promiscuidade e os mais nefandos atos de ligações sexuais.

E mesmo hoje, nos nossos dias, não estamos vendo semelhantes infiltrações nos trabalhos honestos e elevados do Espiritismo com deturpações e corrupções lastimáveis? E práticas de macumba, como algumas ainda há poucos dias publicadas em uma revista ilustrada, ocorrida na Bahia, de horripilantes sacrifícios de sangue?

E na própria umbanda, que não é macumba, mas que também não é Espiritismo, não vemos práticas de pura materialidade, com comidas e bebidas e satisfação de vícios perniciosos, como o fumo e o álcool, que o Espiritismo se esforça inutilmente em debelar no seio do povo?

Portanto, neste ponto, a ignorância continua a existir como também indivíduos que dela se valem para ganhar dinheiro, mistificar, fazer prestígio e dominar de muitas formas.

Também estes receberão segundo suas obras.

O mau-olhado

Esta é também uma das inumeráveis formas de influenciação maléfica segundo a qual indivíduos que possuem grande capacidade de exteriorização de fluidos magnéticos pesados, a serviço muitas vezes de sentimentos de perversidade, atuam sobre outros pelo simples olhar, mesmo quando não haja, em muitos casos, intenção de fazer o mal.

Há pessoas que matam plantas ao simples olhar, outras que fazem adoecer pessoas ou produzem mal-estar em crianças e adultos dotados de certa sensibilidade psíquica, ou causam inexplicável terror, como sucede igualmente com certos animais, o sapo, por exemplo, ou a cobra, cujos olhares causam repulsa porque exteriorizam fortes fluidos de força astral inferior.

Como ainda sucede que muitos desses indivíduos podem se tornar agentes dos Espíritos maléficos, que agem através deles no exercício de suas tarefas mesquinhas.

Obsessões coletivas

Esta forma de influenciação ocorre preferentemente nos agrupamentos de indivíduos ligados pelos mesmos objetivos ou ideais como sucede nos conventos, seminários, recolhimentos em geral e produzem sempre funda impressão, porque o fenômeno atinge a vários indivíduos ao mesmo tempo, da forma mais variada como sejam: danças, convulsões, esgares, etc.

Estes fenômenos eram tidos antigamente como atuações diabólicas, porém, hoje sabemos que se trata de ação de grupos mais ou menos numerosos de Espíritos influenciando indivíduos dotados de determinada sensibilidade.

Não vemos sob nossos olhos o que sucede nos dancings, nas folias de carnaval, nas tribos aborígenes, entre os negros da África quando multidões inteiras são tomadas de um delírio coletivo, quando numerosos indivíduos em estado de verdadeiro frenesi executam danças e movimentos insólitos durante horas seguidas?

Em muitas tribos aborígenes este estado de obsessão coletiva é provocado por meio de música ou batidas de tambor ou por bebidas alcóolicas, o que também sucede nos meios civilizados, nas festividades e reuniões a que já nos referimos.

A história do ocultismo registra fatos semelhantes ocorridos em vários lugares, mormente em conventos na França, quando a maioria dos seus habitantes é tomada por Espíritos, denotando desvarios e convulsões coletivas que duram horas e dias ininterruptamente.

E aqui mesmo, em São Paulo, conhecemos destes casos e outros mais benignos ocorridos em reuniões pseudo-espíritas malconduzidas em que médiuns de ambos os sexos giram horas seguidas sobre si mesmos ou executam movimentos os mais incríveis durante longo tempo sem demonstrar o menor cansaço.

Os convulsionários dos séculos passados ficaram célebres na história e em sua grande maioria terminaram seus dias nas fogueiras da Inquisição, como agentes do demônio, nocivos à sociedade humana.

Vampirismo sexual

Reservamos este último capítulo para este assunto perigoso e delicado, que convém seja melhor conhecido, para se evitar que muitos médiuns e confrades nossos se desviem dos caminhos retos da verdade.

Vampiros são seres animais que sugam o sangue de bois, cavalos, e até mesmo de gente viva. São de sobejo conhecidos e justificadamente temidos.

E vampiros são também Espíritos desencarnados que sugam fluidos animais dos encarnados, seja para viverem durante determinado tempo materializados entre nós, seja para manterem com os humanos comércio sexual dos mais repugnantes e nocivos.

São conhecidos muitos casos de vampiros que se materializam, andam pelas ruas, dançam em bailes, visitam amigos, etc. e depois voltam aos planos invisíveis quando sua provisão de fluidos se esgota como também é sabido que retiram fluidos de corpos semi-enterrados nos cemitérios.

Os casos mais simples e comuns, todavia, são os vampirismos sexuais[6] de íncubos e súcubos, isto é, de homens desencarnados com mulheres encarnadas e mulheres desencarnadas com homens encarnados.

Estes fenômenos também ocorrem preferentemente em lugares de agrupamentos humanos isolados, quando seus membros se privam de luz, de ar, de movimento, de vida social, de satisfações fisiológicas naturais e se devotam à vida de recolhimento e privações.

Tudo o quanto não podem realizar na vida comum, podem-no em segredo, em ligações com os Espíritos do mundo invisível. Tudo o quanto seus Espíritos se recusaram a si mesmos no afã de abstenção inatural ou por impossibilidades de qualquer ordem, flui do subconsciente ou do fundo da vida celular, abrindo-se na noite, para a expansão insólita no plano invisível.

Nos conventos os Espíritos se materializam sob a forma de lindos jovens, atraentes e fortes, que facilmente conquistam os amores das mulheres que lhes são afins, por vibração física ou anseios e desejos reprimidos. E nos ambientes masculinos eles vêm em forma de mulheres atraentes que facilmente se deixam possuir.

Todos estes casos na antiguidade terminavam também nas fogueiras porque seus protagonistas eram considerados como tendo pacto com o demônio.

Mas o Espiritismo esclarece também este ponto dizendo que se trata de homens e mulheres dotados quase sempre de

[6] No capítulo 4 de *Relembrando o Passado*, o autor relata um desses casos. (Nota da Editora)

mediunidade de efeitos físicos, isto é, capazes de emitir fortes emanações de fluidos animais necessários às materializações dos Espíritos desencarnados, viciados nos atos sexuais e que utilizando tais fluidos se materializam a fim de realizarem seus intentos.

Estes casos são difíceis de sanar porque quase sempre se estabelece entendimento e cumplicidade entre encarnado e desencarnado perpetuando o conúbio inatural por tempo imprevisível.

É claro que ambos os Espíritos estão assim palmilhando caminhos tenebrosos, beirando abismos profundos nos quais, mais cedo ou mais tarde, se precipitarão se não recuarem em tempo.

Num grau menos perigoso e consciente, tais relações também se dão nos estados de sono, quando os Espíritos abandonando os corpos físicos juntam-se no espaço aos seus afins e com eles perambulam ou se desviam, praticando atos nem sempre recomendáveis; isto, porém, poderá ser facilmente evitado com medidas simples e ao alcance de todos.

A mediunidade está sempre junto de todos estes aspectos da vida espiritual e quando for bem estudada e praticada permitirá em futuro próximo o saneamento moral destas regiões sombrias do pensamento e das atividades humanas.

Os demônios serão então superados com auxílio do esforço próprio de reforma e purificação, recomendados por Jesus e futuramente eles mesmos entrarão conosco nos céus, partilhando da herança comum de todos os filhos de Deus, que a todos lega imortalidade, liberdade e felicidade para sempre.

Separações Conjugais à Luz do Espiritismo

Esta obra é oferecida aos espíritas e a todos quantos, independentemente da religião que professem, aceitem as uniões conjugais como verdadeiras realizações espirituais.

1
Preâmbulo

Com esta monografia, estamos convictos de trazer, à difusão da Doutrina dos Espíritos em nosso país, relevante cooperação, bem como prestar a todos os que desejam esclarecer-se a respeito de assunto tão delicado e controvertido, valiosa ajuda.

Nos dias em que vivemos, em que a instituição sagrada da família sofre, em todo o mundo, perigoso processo de desagregação, inclusive, infelizmente, nos países ocidentais da Europa e das Américas, onde o respeito ao Evangelho cristão deveria servir-lhes de poderosa defesa, os ensinamentos contidos nesta pequena obra adquirem maior valor e autoridade, sobretudo quando se exclui, como é devido, qualquer sentimento de discriminação civil ou religiosa.

O Autor

2
Tese

De acordo com a Doutrina dos Espíritos compreendemos:

1) Que a separação entre marido e mulher, quando a união foi de recíproco desejo, só se pode dar em caso de adultério, como Jesus recomendou quando disse: Mateus 5:32 — "Qualquer que deixar sua mulher dê-lhe carta de divórcio. Eu, porém, vos digo que qualquer que repudiar sua mulher, sem ser por causa de infidelidade, faz que ela cometa adultério".

2) E, mesmo nos casos de adultério, ainda se deve recomendar o exercício da virtude da tolerância e do perdão — **até determinados limites** — como Jesus também ensinou e testemunhou, dizendo à mulher adúltera: João 8:10–11 — "Então, levantando-se, Jesus perguntou-lhe: Mulher, onde estão os teus acusadores? Ninguém te condenou? Respondeu ela: Ninguém, Senhor. Disse Jesus: Nem eu tampouco te condeno. Vai e não peques mais".

3) Nos mundos inferiores como o nosso, o casamento é um dos recursos mais eficientes e justos para o resgate das dívidas do passado, além de ser, normalmente, o processo natural da reprodução da espécie humana.

O Autor

3
Advertência

Em 1949 publicamos o opúsculo *O Espiritismo e o Divórcio*; em 1954 uma nova edição sob o título: *A Questão do Divórcio*; em 1966 uma terceira edição com o título *Separações Conjugais* e nesta, agora, sob o título — *Separações Conjugais à Luz do Espiritismo* — tratamos do mesmo assunto, tentando provar que os Espíritas não devem ser favoráveis às separações a não ser em casos específicos e extremos.

Há pessoas que se revoltam quando dizemos que os cônjuges não devem separar-se. São, no mais das vezes, interessados pessoais, ou por já se haverem separado, ou por desejarem fazê-lo; outros, por serem partidários do amor livre; outros, ainda, que se apóiam em ambigüidades de textos ou em interpretações mais ou menos tendenciosas; e, por último, aqueles que do Evangelho aceitam somente determinados preceitos recusando aqueles que não lhes agradam.

Para aqueles para os quais o **problema espiritual** já surgiu, como um imperativo a ser obedecido, reportamo-nos ao **sentido** do Sermão do Monte, quando o Divino Mestre disse que Moisés tinha autorizado, em parte, o divórcio mas que Ele, o Mestre, não subscrevia esse ensinamento, a não ser nos casos de adultério; ao que os intérpretes da Lei ali presentes, exclamaram indignados:

— De que passagem das escrituras deduz ele isso? Nada mais contrário à lei. Moisés permite o divórcio e ele agora quer proibi-lo. Considerar-se-á porventura superior a Moisés?

Ora, nós todos sabemos que se pode responder sem erro: Sim, Ele é superior a Moisés e trouxe um ensinamento mais perfeito e mais alto porque, como Ele mesmo advertiu, não veio destruir a Lei, mas completá-la.

O Autor

4

CONSIDERAÇÕES GERAIS

O assunto debatido neste opúsculo é de permanente controvérsia, porém de fundamental importância do ponto de vista espiritual.

A vida social em nosso planeta tende, cada vez mais, a desarticular-se; caminha para a opressão estatal de regimes políticos de transição.

Até que termine este ciclo evolutivo e se inicie outro, mais perfeito e avançado, tudo entrará em tumulto, no mundo, para os testemunhos e as experiências humanas dos últimos tempos, **apocalípticos**.

O instituto da família, que até hoje tem sido a base fundamental das sociedades humanas em todos os povos e nações, está sendo demolido por teorias ou, melhor, por ideologias materialistas insidiosas e dissolventes.

Opera-se uma substituição de princípios, de costumes e de valores morais onde Deus não comparece e que, por isso mesmo, deve levar o homem, em dolorosa retroação, ao primitivismo bárbaro (conquanto refinado) dominado por instintos dos quais ele, tão lenta e laboriosamente, ainda mal conseguiu libertar-se.

Nessa lamentável transição, de moralidade frouxa e elástica, que caracteriza os dias que vivemos, as relações entre os indivíduos se modificam constantemente para pior, e as leis do sexo ficam sendo cada vez menos compreendidas e, em conseqüência, mais deturpadas.

As ligações entre homens e mulheres tendem a se reger pelas concepções licenciosas do amor livre, que o homem dos nossos tempos, apesar de sua tão decantada civilização, ainda não está em condições de usufruir com grandeza, sem regresso à animalidade.

O desgoverno psíquico das massas, que tende a aumentar, está a todo instante, vindo a furo nas monstruosas aberrações do sexo, que se alastram envolvendo, sobretudo, a juventude inquieta e desnorteada.

❖

Esta calamitosa situação é conhecida e debatida por estudiosos e investigadores, porém, há fundas divergências entre eles, segundo os pontos de vista em que se colocam, dentre os quais, por serem os que mais de perto interessam à confecção deste trabalho, destacamos:

1) O conhecimento do sexo e sua utilização.

2) Os compromissos de família e as separações.

É óbvio que no divergir não há maldade; e que haja discordância em pontos secundários também nada há a criticar, porém, em se tratando de assunto de tal importância como este do casamento e do divórcio, com isso não se pode concordar, justamente porque as massas devem ser orientadas no melhor sentido **e não no das acomodações que levarão, sem a menor dúvida, para a dissolução do instituto familiar**.

Sobre o divórcio temos ouvido de diretores de instituições de elevado cunho espiritualista, inclusive espíritas, que dão conselhos perniciosos, fomentando ou acirrando desarmonias domésticas e concorrendo assim, lamentavelmente, para a dissolução de lares e famílias.

Não o fazem por maldade, está visto, mas por entenderem a seu modo os importantes pontos da Doutrina que a este assunto se referem; entretanto, nem por isso se torna menos prejudicial sua intervenção, com a agravante da responsabilidade espiritual que lhes pesará na consciência para futuros ajustes.

5
OS ESPÍRITOS E O SEXO

O estudo do divórcio nos leva, retrospectivamente, ao estudo do sexo e sua utilização pelos Espíritos encarnados e desencarnados.

Nos mundos inferiores sexo é organização material para aproximação de Espíritos e reprodução da espécie; nos mundos superiores é atração espiritual e afinidade irresistível para vivência e refinamento emocional, emoção não de sentidos mas de sentimentos, fusão de almas, integração recíproca individual.

A tradição espiritual diz que, no princípio, os Espíritos eram andrógenos, isto é: possuíam em si mesmos os dois sexos e com base nisto, foi lançada a idéia das almas gêmeas. A Doutrina Espírita, entretanto, oferecendo melhor ensino, explica que os Espíritos não têm sexo **como o entendemos**, esclarecendo que o sexo, para os Espíritos desencarnados (que não possuem veículos perispirituais formados de matéria pesada) não é representado por órgãos de reprodução situados nesses corpos, **mas por modos de sentir, por mentalidades e psiquismos diferentes**.

Não se nega que todos os seres são bissexuais, que têm em si mesmo os dois princípios que são base das Leis do Gênero, o masculino e o feminino, o positivo e o negativo; um transmitindo energia, outro recebendo-a e ambos reciprocamente se atraindo para gerar e manter a vida.

O mesmo Espírito ora faz experiências num setor ou noutro, demonstrando ou desenvolvendo tais princípios ou atributos intrínsecos, mas isto não autoriza a se admitir que o Espírito é formado de duas metades.

A crença das almas gêmeas vem das atrações, às vezes fortíssimas, que os Espíritos sentem um pelo outro, buscando unir-se através de todos os obstáculos e dificuldades e só encontrando felicidade e paz quando conseguem essa união; mas essa atração tem origens remotas e se formam pelas vidas em comum vividas em outras encarnações, pelo que sofreram e gozaram juntos, pelos laços cármicos profundos que os prendem um ao outro — e não porque sejam metade um do outro.

É verdade que a evolução superior leva à fusão das almas, à unidade, porém isto se dá no campo consciencial e no modo de integrar-se na comunidade universal, sem que o Espírito jamais perca sua própria individualidade.

❖

Segundo as instruções dadas pelos Espíritos que ditaram ao insigne missionário Kardec os livros da Codificação, os Espíritos têm sexo mas não como nós o entendemos, pois o sexo, como nós o entendemos, é o conjunto de órgãos, masculino e feminino e seus anexos e complementos destinados à procriação; isso pelo menos no que se refere à organização própria deste planeta em que vivemos porque, em outros, a organização é diferente, peculiar a cada um deles.

Podemos também definir o sexo como sendo: a condição física que vem da existência de órgãos especiais diferentes no homem e na mulher, destinados à reprodução da espécie.

Entre os Espíritos desencarnados o sexo se patenteia por aparências e formas físicas (não órgãos) emissoras de radiações diferentes, que provêm de psiquismos diferentes (ativo ou passivo, positivo ou negativo) que os animam e distinguem uns dos outros.

O sexo entre eles é a posse de atributos que levam à permuta de sentimentos afins e complementares, por afinidades magnéticas e vibracionais, visando à união das almas.

Para todos os efeitos definimos "alma" como sendo: o conjunto formado pelo Espírito e seus envoltórios físicos, diferentes para cada mundo, ou melhor: a organização operada no perispírito, progressivamente, para permitir as relações ambienciais e íntimas do Espírito na sua evolução.

Toda vez que encarnam, os Espíritos tomam corpos sexuados (com formas e órgãos masculinos ou femininos), "segundo as provas que devem realizar naquela determinada encarnação".

Só existe sexo organizado, materialmente, nos planetas de vida espiritual inferior (como o nosso) onde, como já dissemos, predomina a matéria pesada, por intermédio da qual os corpos se reproduzem.

A esses planos é que vêm os Espíritos ainda atrasados, que necessitam das provas do sexo, isto é, das sensações grosseiras da matéria no campo físico para o aprimoramento dos sentimentos no campo moral: a continuidade dos contatos com a carne, na coabitação, desenvolvem a capacidade de amor, ainda que incipiente.

Nos altos e baixos da evolução, os Espíritos realizam experiências de inúmeras espécies, em vários setores de atividades, positivas ou negativas, objetivas ou subjetivas, mas sempre tendo em vista desenvolver sentimentos e aptidões morais.

Um Espírito, por exemplo, que venha, já há algum tempo, fazendo experiências no campo das realizações positivas (virilidade, energia física, construtividade dinâmica de ação) próprias do sexo masculino, em certo momento, para retomar o equilíbrio e progredir harmoniosamente, submete-se à Lei do Ritmo e passa a realizar experiências no campo das atividades femininas, desenvolvendo sentimentos de bondade, ternura, paciência, delicadeza, compassividade, maternalidade.

Enquanto desenvolve sentimentos próprios do campo masculino, encarna em corpos masculinos e vice-versa, de maneira que as alterações do sexo, nas sucessivas encarnações, são freqüentes nos primeiros passos do aprendizado, quando as conquistas são mínimas, e mais acelerado o ritmo das mudanças, ao passo que se alongam e se distanciam à medida que o Espírito progride, porque as alternativas das experiências são já mais demoradas, menos freqüentes.

Por isso é que os animais, quanto mais atrasados, mais rápida e repetidamente renascem.

É comum verem-se homens efeminados, tímidos, propensos à vida calma e despreocupada dos ambientes domésticos, tendo os mesmos gostos, pendores e sentimentos próprios de mulheres; como, também, mulheres virilizadas, tanto no aspecto físico como nas tendências e nos sentimentos.

Percebe-se logo que os primeiros são Espíritos que estão vindo da linha feminina; mudaram de campo e estão iniciando provas no setor masculino, cujas características de força, decisão, coragem e impetuosidade os amedrontam e constrangem; e os últimos, Espíritos da linha masculina que estão iniciando os primeiros passos no setor da vida feminina, utilizando corpos débeis e delicados, dentro dos quais ainda conservam e manifestam as qualidades próprias do sexo oposto.

❖

E, antes de encerrar estas notas explicativas sobre sexos, convém dizer mais algumas palavras sobre suas deturpações, tão comuns e julgadas tão naturais...

O sexo, que foi dado ao homem para reprodução da espécie e para a realização de provas nas duas linhas evolutivas a que nos referimos foi, pelo homem, transformado em fonte de prazer, em que o sentimento pouco entra em conta, mas sim a paixão material, o desejo que, muitas vezes, mesmo quando exacerbado ou contrariado, leva ao crime.

Este não é defeito de alguns mas, de milhões, raças inteiras, devido a inúmeros fatores, como sejam: educação, hábitos, costumes, legislação, climas, etc. e uma só causa fundamental, a saber: a imperfeição do Espírito.

A prática sistemática do ato sexual visando o prazer, transforma-se em breve tempo em arraigado vício, do qual o homem não se livra nem mesmo na decrepitude, quando o corpo físico não tem mais energias viris, enquanto que o Espírito continua ainda preso ao desejo o que, sobejamente, demonstra que se trata de uma falha do Espírito e não do corpo.

O Espírito assim viciado, ao desencarnar leva consigo esse defeito, que lhe custará momentos de cruéis padecimentos nos planos espirituais, não só porque lhe retarda o progresso nesse plano, como pela impossibilidade de satisfazer seus desejos na forma pela qual estava habituado aqui na Terra. Daí à prática negra do vampirismo sexual vai um só passo; **e, na atualidade, aumenta sensivelmente o número desses casos dolorosos e sombrios, mormente em relação aos médiuns não suficientemente instruídos e educados**.

Aliás, é o que também sucede com Espíritos possuidores de outros vícios como o fumo, o álcool, a gula, etc., os quais, não podendo satisfazê-los no Espaço, acorrem aos trabalhos espirituais de baixo teor ou invigilância, bem como nos terreiros e nas macumbas, para que aí, incorporados em médiuns ignorantes e de sentimentos afins, através deles se saciam desses vícios.

Atualmente as relações humanas ligadas ao sexo sofrem tão profunda degradação, que acreditamos ser problemática a compreensão do assunto em bases espirituais; mas a verdade espiritual está com o passado severo e digno e não com o presente degenerado.

6
O Casamento

Trataremos agora do **casamento**, que é ato natural e decorrente do sexo e, entre as **provas** encarnativas, uma das mais importantes e difíceis neste nosso mundo de expiações.

Os indivíduos unem-se:

1) por atração carnal;
2) por conveniências materiais;
3) por afinidade espiritual.

❖

1) A atração carnal

As formas, a beleza física, a sedução pessoal, a feminilidade na mulher e a virilidade no homem, eis alguns dos elementos determinantes dessas uniões nas quais imperam a sensualidade, o desejo de posse e os enganos dos sentidos.

Surge um afeto ilusório, passageiro, que mora com a posse ou, na melhor das hipóteses, com o tempo, quando decaírem a beleza, a saúde e a graça, ou a força, a coragem e a virilidade.

Nesses casamentos, o indivíduo ainda não evoluiu ao ponto de dar o devido valor às coisas do espírito, às virtudes morais; deixa-se levar pelas exterioridades, enlear-se na trama dos desejos, cegar-se no brilhante verniz das coisas efêmeras, julgando verdadeiramente amar aquilo que simplesmente o seduz.

Hoje em dia, com o alastramento do moderno paganismo, a intimidade precoce dos sexos e os maus costumes de certos povos que o cinema, o rádio e a televisão propalam amplamente, esses enganos crescem de vulto e produzem um crescente relaxamento nas uniões conjugais, a carne predominando sobre os valores mais nobres e começando muito mais cedo a predominar.

2) As conveniências materiais

Essas são as uniões ditadas pelo interesse e pelas injunções sociais, muito comuns nas classes mais cultas ou abastadas da sociedade, não só de agora como de sempre, sendo já conhecidas mesmo, como **casamentos de conveniência**.

Posição social, recursos financeiros, presunções de raça, genealogia, cor e religião são, em geral, os motivos determinantes dessas uniões, das quais o amor verdadeiro anda sempre ausente.

Apesar dos avanços da civilização moderna no sentido da liberdade, ainda existem povos tribais onde os indivíduos se casam sem se terem conhecido antes, sendo o enlace tratado pelos pais como uma transação comercial; e ainda há povos primitivos, na África e na Ásia, onde se trocam as mulheres pelo gado e outras utilidades de uso; e mesmo sem chegar a tais extremos, entre povos civilizados, sobretudo na vida rural, esses costumes ainda perduram, por se terem em conta mais que tudo as conveniências do trabalho e da fortuna.

Essas duas espécies de uniões que acabamos de citar são, naturalmente, muito frágeis, não têm base nos corações, não resistem aos ímpetos das paixões humanas quando se desencadeiam, e principalmente nos países onde o divórcio tem existência legal, representam as causas profundas da dissolução de inúmeros lares.

A falta de amor e a ignorância da verdadeira vida espiritual são as fontes inesgotáveis dessas milhares de separações que se dão no mundo todo, diariamente. Não havendo amor e sendo as leis e os costumes favoráveis às separações, tudo ajuda nesse sentido negativo.

Esses fatos dão bem idéia do sentido materialista da atual geração, inclusive entre profitentes das religiões cristãs ocidentais.

❖

Encaremos agora o terceiro item da proposição.

3) Uniões por afinidade espiritual

Em todos os casos em que haja afinidade moral, aproximação de condições evolutivas ou, então, compromissos anteriores à encarnação, ocorrem os casamentos por afinidade espiritual, os quais, aliás, têm vários aspectos.

Nestas uniões, haverá ou não, conforme o caso, harmonia, entendimento e a relativa felicidade que a vida neste nosso planeta pode proporcionar a seus habitantes. Estas são as uniões realizadas por amor, mesmo quando os sentimentos apresentem ainda condições de inferioridade, quanto à elevação espiritual dos cônjuges.

Podem ser ainda Espíritos egoístas, ciumentos, orgulhosos, capazes de atos violentos, mas é de amor verdadeiro o laço que os liga.

Nestas uniões por afinidades espirituais não há lugar para separações porque os cônjuges, unidos por amor, seja qual for o grau da evolução desses, necessitam um do outro para viver, são partes afins de um mesmo todo.

Nesta classe se agrupam também as uniões de Espíritos mais elevados, em cujos corações o amor já é um sentimento da expressão purificada.

As atrações espirituais, quando muito profundas, tornam penosa a vida dos Espíritos, quando separados: como que formam uma só pessoa em gostos, pensamentos e sentimentos. Desses casos é que se formou o conceito, a que já nos referimos, das almas gêmeas que muitos adotam erroneamente. Em todos os casos em que houver afinidade espiritual determinante da união conjugal, pode-se dizer que esta será duradoura, pois tem suas raízes no espírito e não na carne, muito embora esta exerça sobre os cônjuges a influência que lhe é própria segundo as Leis da Natureza; e, contrariamente, não havendo, as uniões serão sempre precárias, cheias de contrariedades, hostilidades recíprocas, suscetíveis de rompimento por acordo mútuo, por recurso às leis humanas ou por abandono do lar.

A sociedade atual tem condições muito frágeis de estabilidade no que se refere ao casamento que, paradoxalmente, é a sua própria garantia; e toda a legislação votada no sentido de regularizar o problema das separações, nada mais tem feito que agravar a situação, criando constantemente novos motivos de desunião.

Os homens primitivos se utilizavam das mulheres e mantinham-nas sob suas garras; os das civilizações antigas escravizavam-nas e repudiavam-nas segundo seus desejos; a partir da era cristã, provavelmente sob a influência do Evangelho, as relações entre marido e mulher melhoraram um pouco, passando o homem a considerar a mulher como esposa, mãe da prole e senhora do lar; entretanto, em nossos dias caminhamos rapidamente para a desagregação da família, com as leis separatistas, as facilidades das separações, a licenciosidade dos costumes e a própria atitude das mulheres, abandonando os lares pacíficos e recatados para se lançarem nas competições da vida social em todos os sentidos, inclusive na adoção dos seus vícios, maus costumes e desregramentos.

❖

Mas, perguntarão: e as religiões nenhum entrave colocam a essa lamentável desagregação?

Sim, algumas fazem o possível teoricamente condenando o divórcio e se batendo pela moralidade dos costumes. Porém, a questão não está em proibir os divórcios, mas em se evitar que eles se dêem — **mudando os sentimentos dos cônjuges**, esclarecendo-os de forma objetiva sobre os inconvenientes e criando meios de educar e desenvolver esses sentimentos.

Para essa delicada tarefa as religiões dogmáticas e doutrinas outras de fundo materialista ou místico, não possuem meios eficientes porque seus códigos não têm conceituação adequada, nem encaram os problemas de forma espiritual e objetiva; permanecem na teorização inócua porque não admitem as leis da Reencarnação e do Carma, as únicas que explicam e podem formar nos adeptos uma mentalidade compreensiva e **testemunhadora**.

Por isso, somente à luz dos conhecimentos espirituais se pode esclarecer o assunto, iluminar os Espíritos, com as indispensáveis noções de responsabilidade individual que pese sobre ambos os cônjuges, no sentido de se manterem unidos, fortalecendo assim, em conseqüência, os laços da união familiar.

❖

Nos dois aspectos estudados, de uniões sem amor, em verdade a separação não fere interesses evolutivos com profundidade porque — separa-se o que já estava separado — como diz Kardec, o insigne Codificador do Espiritismo, em seus comentários sobre o assunto.

Do ponto de vista puramente material, seria o caso de se aconselhar o divórcio para tais pessoas, vítimas voluntárias de suas próprias ilusões ou paixões, para que recuperassem sua liberdade e recomeçassem sua vida conjugal em melhores condições, com outro parceiro livrando-se, além disso, de malquerenças, hostilizações recíprocas e tormentos domésticos muitas vezes insuportáveis.

O mais judicioso porém, do ponto de vista espiritual seria compreender que, casando-se, mesmo em condições precárias de entendimento, surge para os cônjuges uma feliz oportunidade de tentar vida em comum como marido e mulher, visando praticar a fraternidade.

Se a finalidade da evolução é apurar o sentimento a ponto de o Espírito libertar-se de todo egoísmo **e amar ao próximo como a si mesmo**; se também é tornar o Espírito capaz de atingir o amor universal, isto é, a unidade em Deus pelo amor, porque então não se aproveitar dessas oportunidades, sejam quais forem as circunstâncias que tenham determinado o enlace, apressando a conquista de tão altas virtudes cristãs?

Ao invés de recorrer logo às leis separatistas não seria mais conveniente e sensato tentar a vida em comum, vencendo o próprio egoísmo, sobrepondo-se a si mesmo, tornando-se útil ao companheiro e assim criando entre ambos, poderosos laços de permanente e eterna simpatia espiritual?

Encarado o problema sob este prisma elevado, como admitir-se o divórcio mesmo nestes casos de casamentos sem amor? Mas como a maioria dá preferência à separação, esta idéia permanece como possibilidade para poucos.

7
Resgates Cármicos

Os resgates de natureza cármica, ou as provações em comum para solução de compromissos antes da reencarnação, apresentam inúmeros aspectos e suas constatações fogem à nossa análise, porque são privativas de repartições situadas muito alto nos Planos Etéreos, indevassáveis aos olhares profanos e que funcionam sob a direção de entidades espirituais de elevada hierarquia.

Situações as mais imprevistas e obscuras podem surgir no cenário da vida terrena como alternativas de resgates cármicos, que nunca se modificam pelo desejo dos homens mas, somente pelo seu exato e rigoroso cumprimento ou, em casos excepcionais, pela expressa vontade do Alto.

Sobre este particular eis como se expressa o notável instrutor espiritual André Luiz, em sua obra *Nosso Lar*: "Na fase evolutiva do planeta existem, na esfera carnal, raríssimas uniões de almas gêmeas, reduzidos matrimônios de almas irmãs ou afins e esmagadora porcentagem de ligações de resgate. O maior número de casais humanos é constituído de verdadeiros forçados sob algemas".

O mais prudente, portanto, em todos os casos, é não se aconselhar o divórcio, para que não se venha a interferir nos trâmites normais e salutares do pagamento de dívidas sagradas e irreversíveis; os resgates desta natureza devem, pois, seguir seu curso normal em benefício dos próprios cônjuges. Isto, quanto ao aspecto espiritual porque, se se der primazia às leis humanas, vencerão as leis humanas. Se os cônjuges não se dão bem, não se ajustam, se se tornam reciprocamente antipáticos, incompatíveis e, até mesmo hostis, é natural que se valham dessas leis para se livrarem um do outro, restabelecendo a vida em novas bases.

Esta é uma solução cômoda que solve, **pelo menos no momento**, dificuldades e aborrecimentos, permite novos enlaces, novas aventuras amorosas e dá inteira satisfação ao natural egoísmo das pessoas. Mas, decidindo pelo aspecto espiritual, tudo muda de figura e deve ser resolvido de forma muito diferente, com sacrifício e renúncia pessoal.

Na Codificação Kardeciana, em vários tópicos, encontram-se expressões que, à primeira vista, sugerem a concordância com a separação mas, sabendo-se que o casamento é uma das provações mais delicadas e proveitosas e que, muitas vezes, inúmeras vezes, unem-se Espíritos desafins e, até mesmo inimigos de outras encarnações, com débitos recíprocos a saldar, e que, justamente, se uniram para tais resgates, como, então, admitir o divórcio?

Se as intimidades que o casamento permite e os sacrifícios cotidianos que impõe; se a convivência forçada e a comunhão de interesses, prazeres e sofrimentos são fatores preciosos desses resgates; se os sacrifícios que a geração e a criação dos filhos exige, de parte a parte, são elementos poderosos de uma aproximação de almas, que se processa durante a vida toda, lentamente, dia por dia, como admitir o divórcio, sem destruir todas estas magníficas possibilidades de recuperação moral e redenção espiritual?

O casamento gera a tolerância — **que é o princípio do amor** — e depois desenvolve e aprimora este último, fazendo-o derramar-se dos cônjuges para os filhos, destes para os netos, os parentes, aderentes, para todos que formam a grei familiar, se abriguem ou não sob o mesmo teto.

Somente depois disso, e de tolerar e amar o próximo mais consangüíneo, poderá o indivíduo amar o próximo distante... Porque há indivíduos que não são capazes de querer a não ser a mulher e os filhos; para estes tudo dão, ao passo que aos estranhos ao lar ou à família, tudo negam; mas exercendo a tolerância como **realização espiritual**, por menor e mais difícil que este seja, irão se tornando capazes, aos poucos, de expandir os sentimentos para fora de casa...

Na maioria dos casos e, de princípio, o que une nestes casamentos sem amor, é o sexo, laço forte e irresistível que prende os cônjuges entre si, mantêm-nos ligados e necessários um ao outro, enquanto duram os encantos da mocidade, o calor do sangue, as forças da virilidade; porém, quando vem a velhice, quando o sangue arrefece nos seus ardores e a vida mostra as ilusões enganadoras da carne, então é provável e natural que o hábito de viverem juntos consiga mantê-los unidos até o fim, mesmo porque, nessa altura, já se encontram enfraquecidos, esgotados, desiludidos para novas aventuras; então, e só então, passam a compreender que uma força nova os liga, uma força de espírito que não é paixão mas sim, renúncia, compreensão, respeito recíproco, ternura, agradecimento; então, como caminheiros cansados de uma longa jornada, mas cheios de experiência e de compreensão, lá se vão eles, trôpegos mas felizes de mãos dadas, dominados por uma nova emoção, muito diferente e muito mais pura agora, para a ressurreição do Espírito.

Os fatores materiais exercem o seu trabalho, prendendo os cônjuges um ao outro, enquanto que o tempo, passando, vai tecendo outro amor, muito mais perfeito e duradouro — amor espiritual — que constrói para a eternidade; e assim afastam-se as hostilidades do pretérito, pagam-se as dívidas e redimem-se os Espíritos culpados.

Se, pois, os cônjuges, logo no princípio, se repudiam ou se separam, porque surgem as inevitáveis contrariedades entre Espíritos desafins, como poderão realizar as provas e construir para si mesmos, no futuro, uma vida melhor? Quem assim procede é fora de dúvida que fracassa na tarefa encarnativa, e perde uma oportunidade feliz de progresso que, talvez, tão cedo não se repita.

Todos os espíritas sabem como se processam essas uniões carnais: se os futuros esposos já possuem certa compreensão espiritual, eles mesmos escolhem as provas que devem suportar em comum e os Espíritos protetores ajustam para eles as demais circunstâncias de vida; se não estão em condições, eles mesmos, de fazer a escolha, subordinam-se às condições que lhes são impostas pelos benfeitores espirituais que sempre visam, é óbvio, o sucesso da tarefa encarnativa e os benefícios outros para seus protegidos.

Unem-se, pois, Espíritos que têm dívidas entre si e que permanecem estagnados na evolução enquanto não resgatam tais débitos; e nestes casos como, aliás, em todos eles, se evidencia a misericórdia de Deus permitindo resgates por essa forma construtiva e elevada ao invés de sofrerem os mesmos males que provocaram; enfim, permitindo-lhes o resgate **pelo amor e não pela dor**.

É claro que esta regra não é geral para todos os seres em todos os mundos habitados por Espíritos mais evoluídos; ela vige para mundos atrasados, de expiação e de provas, como o nosso, habitado por Espíritos devedores, rebeldes às leis de Deus, incapazes de viver segundo os preceitos elevados e puros ensinados por Jesus no seu Evangelho redentor.

Para estes Espíritos os resgates devem ser feitos desta maneira, como os vemos a todo instante sob nossos olhos, com renúncia, sacrifício, desprendimento, suor e lágrimas e jamais com comodismos e conveniências baseadas no egoísmo ou no amor próprio. Se se separarem, como resgatarão seus débitos e se não os resgatarem como se libertarão do retardamento evolutivo?

8
O EXAME DOS TEXTOS

Há espíritas que são partidários do divórcio alegando que a Doutrina o recomenda. Vejamos se têm razão.

Diz o Livro dos Espíritos, respostas 695 e 696:

"O casamento é um progresso na marcha da humanidade e sua abolição seria uma regressão à vida dos animais."

A este ensino dos Instrutores, Kardec acrescentou os seguintes comentários:

"**O estado de natureza** é o de união livre e fortuita dos sexos. O casamento constitui um dos primeiros atos de progresso das sociedades humanas, porque estabelece a solidariedade fraterna e se observa entre todos os povos, se bem que em condições diversas. A abolição do casamento seria, pois, regredir à infância da humanidade e colocar o homem abaixo mesmo de certos animais, que lhe dão o exemplo de uniões constantes."

Por aí se vê que as uniões livres, segundo Kardec, isto é, as uniões segundo os impulsos naturais, são condenáveis e somente as uniões reguladas por costumes e leis evoluídas e moralizadas levam a humanidade a uma situação de progresso, do ponto de vista moral.

Ora, o divórcio, com todas as facilidades que as leis ostensivamente lhe vão assegurando por toda parte e, por força dos próprios impulsos humanos inferiores, leva forçosamente para o amor livre.

Kardec (como é natural que o seja) é partidário do casamento em forma de união constante e permanente, muito embora declare que o amor livre seja a condição normal entre os sexos, segundo as leis da Natureza, com isto querendo dizer que as uniões livres são próprias de seres inferiores, que vivem de acordo com as leis do instinto, como viveram os homens primitivos e ainda vivem hoje os habitantes das selvas e dos desertos.

Jamais disse que os homens devem viver dessa maneira, mas sim casarem-se, constituírem família, de acordo com as leis da sociedade civilizada, porque neste particular não podemos, é óbvio, viver de acordo com as leis da Natureza.

É verdade que mais tarde, quando esta humanidade inferior evoluir o que baste para viver de acordo com as leis divinas, o amor será **o amor espiritual** e este será livre mas, numa posição fundamentalmente oposta ao amor livre material.

❖

Quanto à indissolubilidade do matrimônio diz o Espírito Instrutor que respondia às perguntas de Kardec:

Resposta 697 — que essa indissolubilidade "é uma lei humana muito contrária à da Natureza".

E de fato o é, porque a lei da Natureza, que vige para os animais e para os homens primitivos, é a de uniões livres e fortuitas, não havendo responsabilidade ou compromissos de comunidade familiar: unem-se homens e mulheres e, como os animais, separam-se com a mesma facilidade, sem o menor respeito à situação futura de cada um e dos descendentes.

A indissolubilidade é, pois, um simples freio que se põe à tendência humana para o amor livre que é, ainda, elemento desagregador da sociedade organizada.

Nas humanidades superiores prevalece a indissolubilidade natural e espontânea por serem as uniões realizadas unicamente por amor espiritual que é, como se sabe, o vínculo mais indissolúvel que existe.

Indissolubilidade, portanto, somente é anomalia na vida animalizada dos homens inferiores.

❖

Quanto à poligamia diz o Espírito:

701 — "A poligamia é lei humana cuja abolição marca um progresso social. O casamento tem que se fundar na afeição dos seres que se unem. Na poligamia não há afeição real: há apenas sensualidade."

Nota: Pelo que estamos vendo em nossos dias, o divórcio, dum certo modo, é um sistema de poligamia disfarçada, com os selos da lei e a sanção dos tribunais.

Em relação à família e ao relaxamento de seus laços diz o Espírito:

774 — "Os laços sociais são necessários ao progresso e os da família mais apertados tornam os primeiros. Eis porque os segundos constituem uma lei da Natureza. Quis Deus que, por essa forma, os homens aprendessem a amar-se como irmãos".

Este conceito reforça o que já dissemos atrás, isto é, que é preciso aproveitar a oportunidade de viver em família, mesmo quando em precárias condições de afinidade, ou principalmente assim, para exercitar sentimentos de fraternidade e de tolerância que, mais tarde, levarão ao amor verdadeiro.

O Instrutor Espiritual aqui somente acrescentou novo conceito de evidente valia, para reforço de nossa argumentação anterior, isto é, que o **instituto da família é lei da Natureza**, porque une os seres entre si e lhes permite desenvolver o sentimento da fraternidade.

Tudo, pois, quanto tenda a relaxar os laços da família, desunir os cônjuges, deve ser combatido e, por princípio, não-aceito.

E continua o Instrutor:

775 — "O relaxamento dos laços da família seria para a sociedade uma recrudência do egoísmo."

Exatamente: voltaríamos aos tempos primitivos, em que cada um cuidava unicamente de si mesmo sem ter em conta a existência, as necessidades, os interesses e o amor do próximo. E quais os resultados disso é fácil conceber: a Rússia, por exemplo, foi o país que se tornou no mundo há algumas décadas, o campeão do amor livre, segundo sua ideologia materialista. Durante anos aplicou suas idéias, verificando, por fim, seus desastrosos resultados; sensatamente voltou atrás, aconselhando o povo a evitar o divórcio, dificultando legalmente sua aplicação em todo o território nacional. (Vide jornais de outubro de 1949 e de junho do corrente ano).

Naquele país, como era de prever, a experiência trouxe como conseqüência o relaxamento dos costumes e da moral do povo, a perversão prematura dos jovens, o crescimento espantoso da orfandade e da delinqüência e o vulto cada vez maior dos ônus e dos trabalhos de recuperação desses infelizes para a sociedade organizada.

Nos Estados Unidos, outro país onde o divórcio é dado com largueza, estudos feitos ultimamente provaram também que esse sistema acarreta, da parte dos homens, profundo desinteresse pela estabilidade da vida familiar, pela esposa e pelos filhos, e um pernicioso hábito de relações amorosas externas, que muito tem concorrido para a corrupção dos costumes e para o enfraquecimento dos laços da família. Demonstraram também que a mulher americana tornou-se irritável e inquieta pela falta de segurança de sua posição de mãe e de esposa.

E nós, em nosso país, não estamos sentindo, de há muito, a contaminação da nossa sociedade por esses costumes exóticos? Até mesmo nas pitorescas e alarmantes distorções da normalidade e do equilíbrio humano no falar, no vestir, no sentir, no viver, que contamina a juventude moderna; seu desassossego e inquietação não são, porventura, uma resposta ou um protesto à desagregação dos lares, à imoralidade, à falta de aconchego familiar?

Buscam os jovens, portas afora o que nos lares não mais encontram, sobretudo o amor e a segurança, formando bandos e agrupamentos marginalizados já muito conhecidos no mundo inteiro.

Ora, se a base da vida cristã reside no lar e a base da sociedade é a família, sua desagregação deve ser combatida, eliminando-se as causas, justamente como Jesus ensinou e consta do Evangelho: admitir-se o divórcio somente em caso de adultério. Se é necessário manter unidas as famílias, como fazê-lo senão mantendo unidos os esposos, que são seus chefes e sustentadores?

O que se torna necessário é esclarecê-los, evangelizá-los, educá-los para a vida em comum com a companheira que escolherem; explicar-lhes que o casamento não é só "**para ter homem ou ter mulher**" na utilização sexual mas também, **e principalmente, para desenvolver o sentimento do amor ao próximo, resgatar débitos do passado, limpar a estrada do progresso espiritual**; e que a Natureza virá logo em auxílio deles pelas fortes vinculações do sangue, na pessoa dos filhos amados; e que todo esforço que fizerem nesse sentido, de renúncia e sacrifício lhes assegurará, no futuro, uniões indissolúveis e felizes pelos laços eternos do amor espiritual, o único verdadeiro e permanente; explicar-lhes **que o fim da vida não é usufruí-la materialmente mas, muito ao contrário, utilizá-la para a evolução espiritual**.

E sobre as uniões espirituais, diz o Espírito Instrutor:

939 — "As uniões antipáticas são erros cometidos pelos homens e consignados em suas leis, porque Deus não constrange ninguém a permanecer junto dos que os desagradem e, quando isso sucede, há vítimas muitas vezes inocentes, para as quais o casamento é dura provação."

Realmente, Deus não constrange ninguém a unir-se a pessoas desafins, porque sua lei é de amor e de harmonia; os homens é que se escravizaram a essas situações unindo-se por atrações de sexo, interesses, a conveniências materiais mas, principalmente, cometendo erros e criando dívidas tenebrosas que exigem resgates dolorosos.

❖

Considerando-se pois, o que até aqui demonstramos, pode-se concluir que a Doutrina Espírita, pelo menos no que se refere às instruções dadas pelos Instrutores Espirituais, não aconselha o divórcio mas, ao contrário, exige a preservação da família.

Vejamos agora o que diz o livro *O Evangelho Segundo o Espiritismo*: Mateus 19:3,9.

"E vieram a Ele alguns fariseus e o experimentaram perguntando:

É licito a um homem repudiar sua mulher por qualquer coisa?

Respondeu Jesus: "Não tendes lido que o Criador, desde o princípio, os fez homem e mulher e disse: Por esta razão o homem deixará seu pai e sua mãe e se unirá à sua mulher e os dois se tornarão uma só carne? Assim, já não são dois, mas uma só carne. Portanto, o que Deus ajuntou não o separe o homem."

Perguntaram-lhe: Por que então mandou Moisés dar carta de divórcio e repudiar a mulher?

Respondeu Jesus: Por causa da dureza de vosso coração é que Moisés vos permitiu repudiar vossas mulheres, mas não foi assim desde o princípio. E eu vos digo que aquele que repudiar sua mulher, exceto por infidelidade e casar com outra, comete adultério".

Comentando este trecho, Kardec se refere às diferentes legislações humanas a respeito do assunto, que variam com o tempo, com a civilização, crenças e costumes de uns e outros e diz que somente as leis de Deus são imutáveis; e que estas não só se referem à união dos sexos para a reprodução da espécie, como também à união das almas pela lei divina do amor universal.

Esclarece que as palavras do texto: "e os dois se tornarão uma só carne" e, em seguida: "portanto, o que Deus ajuntou não o separe o homem", se referem às uniões segundo as leis do amor e não segundo as leis mutáveis dos homens, como a dizer que para as uniões segundo as leis dos homens pode ser aceito o divórcio.

Mas podemos nós também acrescentar, esclarecendo: **salvo nos casos de provações e de resgates cármicos, porque se a união dos homens por amor é lei de Deus, da mesma forma a união deles para resgates de dívidas do passado também se realiza por efeito de uma lei de Deus**.

Prosseguindo, Kardec acrescenta que as leis humanas visam regular o funcionamento das sociedades e os interesses das famílias, segundo o avanço da civilização e, nesse sentido são benéficas mas, quanto à união dos Espíritos, nelas só devem prevalecer as leis de Deus.

E nós, mais uma vez repetimos **que as provações e os resgates são também leis divinas**.

E prossegue dizendo que por causa dos casamentos sem amor é que as leis estabeleceram a separação legal dos corpos, cujos Espíritos já estavam de antemão separados (o que já estudamos atrás); e finaliza, dizendo que o **divórcio não é contrário** às leis de Deus, nestes casos, porque apenas reforma o que os homens fizeram errado (desde que, acrescentamos nós, usando de livre-arbítrio, prefiram estes optar pela solução no sentido material, conforme também já estudamos atrás).

❖

De nossa parte, acrescentando detalhes para esclarecer melhor, podemos dizer:

Ao tempo de Moisés e em toda a Antiguidade, os homens ainda não tinham recebido os conhecimentos novos da vida espiritual, que só o Evangelho de Jesus trouxe; as sociedades se regiam por legislações bárbaras, pagãs, sendo a poligamia lei geral no Oriente e, mesmo entre os hebreus, era praticada, bastando para isso chamar o testemunho do rei Salomão; e, ainda não há muitos anos, certas nações adotavam tal costume.

Para evitar abusos e maldades e defender em parte, as mulheres da época, é que Moisés concordou em que os homens se divorciassem de suas mulheres **porém dando-lhes carta de repúdio**, isto é, restringindo a medida, legalizando o procedimento, obrigando o homem a declarar com isso que a mulher era agora livre, não mais lhe pertencia, podia consorciar-se com outro homem, e declarando o motivo do repúdio.

Naquele tempo o homem podia repudiar suas mulheres por qualquer motivo e expulsá-las de sua casa e se ela não recebia tal documento era considerada adúltera caso se entregasse a outro. Dando-lhe a carta, elas não perdiam sua dignidade, podiam casar-se com outro, evitando assim serem consideradas adúlteras, sujeitas à pena de lapidação.

O mesmo, aliás, fez ele com o jejum, como medida higiênica, para moderar o vício da gula; e com o repouso do sábado, para proteger os trabalhadores escravos e os animais de carga, que não tinham dia algum de descanso.

Legislador sábio e justo, contornava muitas vezes os obstáculos, ciente de que não poderia mudar de improviso a natureza primitiva e rude daqueles homens.

Mas, o certo é que Jesus jamais recomendou o divórcio: "não vim, dizia Ele, para destruir a Lei mas para completá-la". Moisés permitira o divórcio a título precário, pela dureza dos corações, mas quanto a Ele, vinha no regime de outra lei — a do amor — e rigorosamente afirmava que o divórcio só se podia admitir em caso de adultério e cometeria também adultério quem tomasse para si mulher adúltera, isto é, não legalmente repudiada por seu anterior marido.

Ele queria, por outro lado, que a mulher repudiada se redimisse, se reabilitasse, tanto assim, que em presença da mulher adúltera que os fariseus queriam apedrejar, Ele a defendeu e a despediu dizendo: Vai e não peques mais.

Hoje tudo mudou, leis, costumes, regras; a vida toda em si mudou e muito, mas o Evangelho não, porque é sempre o mesmo, vivo e eterno.

No final do texto citado atrás vemos a estranheza dos discípulos sobre o novo ensino dado por Jesus, contrário ao de Moisés, e o Mestre a explicar que aqueles conceitos só poderiam ser compreendidos e aceitos por quem já tivesse algum conhecimento da vida espiritual; porque os indivíduos encarnados não se devem unir unicamente para gozar dos prazeres do sexo, mas para gerarem filhos segundo as leis do amor, exercitando entre si a lei da fraternidade.

❖

Mas não foi somente nessa ocasião que Jesus profligou o divórcio; já o havia feito antes, no Sermão do Monte, quando falou sobre adultério, proferindo os mesmos ensinos, como consta de Mateus 5:27, 31 e 32.

Diz no 31: "Também foi dito pelos antigos: qualquer que deixar sua mulher, dê-lhe carta de divórcio". E no 32: "Eu porém vos digo que qualquer que repudiar sua mulher sem ser por causa de prevaricação, faz que ela cometa adultério e qualquer que casar com a repudiada comete adultério".

Assim, pois, em parte alguma desses textos se encontra algo aconselhando ou tolerando o divórcio e, bem ao contrário, em todos eles ensinamentos e recomendações que desaconselham tal medida.

❖

No entanto, atualmente, os divórcios se dão pelos motivos mais comezinhos e alguns até mesmo ridículos e extravagantes, quando não ocorrem sem motivo algum, pelo próprio uso e abuso das leis; os preceitos evangélicos são desprezados por materialistas, cristãos e outros, sem a menor preocupação com as implicações religiosas ou espirituais de suas atitudes; o que todos querem é vida cômoda e fácil. Mas dizem os textos: "formam uma só carne, segundo a lei divina e não devem os homens separar o que Deus ajuntou". E nós acrescentamos: **Deus não ajunta somente pela lei do amor; nos mundos inferiores como o nosso, também ajunta para resgates cármicos, para treinamento de fraternidade, tolerância e renúncia, justamente para mais tarde atingirem os homens as esferas sublimadas do amor verdadeiro**.

O apóstolo Paulo, em suas instruções escritas às igrejas que fundou por toda parte por onde andou, recomendava:

"Aos casados, porém, dou mandamento — não eu senão o Senhor — que a mulher se não separe do marido e que o marido não deixe a sua mulher."

E era tão rigoroso nesse ponto que, nem por motivo de incredulidade, ou rejeição da doutrina do Mestre, que pregava com sacrifício de sua própria vida, admitia separação. Dizia ele:

" — Se um irmão tiver mulher incrédula e esta consente em morar com ele, não a deixe; e a mulher que tem marido incrédulo e este consente em morar com ela, não deixe o marido."

"Porque um, esclarece ele, será santificado pelo outro."

❖

Assim, pois, face aos textos, aconselhamos nós: Suportem-se marido e mulher até os limites máximos das possibilidades, renunciando a si mesmos, abafando o amor próprio; seu esforço será santificado e cobrirá, como um manto de benefício, o Espírito do companheiro incrédulo e dos filhos amados.

E, no caso de adultério, não se recordem somente da autorização evangélica para as separações: lembrem-se também, de certa forma, dos sublimes ensinamentos do perdão.

❖

Eis o que diz Humberto de Campos, em mensagem recebida pelo médium Chico Xavier, sob o título: *Reino Doméstico*: "Ouço perguntas sobre o amargo problema dos casamentos infelizes, como se o matrimônio fosse o único enigma na peregrinação humana; mas se esquecem de que a alma encarnada é surpreendida, a cada passo, por escuros labirintos na vida de associação. **Habitualmente renascem juntos, sob os elos da consangüinidade, aqueles que ainda não acertaram as rodas do entendimento no carro da evolução, a fim de trabalharem com o abençoado buril da dificuldade, sobre as arestas que lhe impedem a harmonia. Jungidos à máquina das convenções respeitáveis, no instituto familiar**, caminham, lado a lado, sob os aguilhões da responsabilidade e da tradição, sorvendo o remédio amargo da convivência compulsória, para sanarem **velhas feridas imanifestas**".

É, pois, mais um reforço aos conceitos que aqui emitimos sobre os inconvenientes das separações conjugais.

❖

Eis agora alguns detalhes que convém focalizar:

9

A QUESTÃO DOS FILHOS

Este problema surge, e com caráter muito sério, quando somos partidários da separação; caso contrário, deixa de preocupar porque, não havendo separação, não haverá, *ipso facto*, a questão dos filhos, salvo no que se refere aos malefícios que vêm dos maus ambientes domésticos e dos maus exemplos que recebem dos pais, quando há desarmonia entre eles. Por outro lado, como membros do conjunto familiar, fazem parte do programa encarnativo do grupo e não podem, pois, ser postos à margem.

10
DESQUITE OU DIVÓRCIO?

O que importa em primeiro lugar não é a forma jurídica da separação, mas esta, em si mesma. Se o indivíduo resolve separar-se, tanto faz que seja duma forma como doutra; se desloca o problema do campo espiritual para o das conveniências materiais, preferindo a estas, então que lance mão dos recursos que lhe são facultados pela lei do país em que vive, plantando sementes de frutos amargos.

11
REAÇÕES VIOLENTAS

Julgam alguns que no caso de uniões desafins, não havendo o recurso da separação legal, a situação pode evoluir para o campo das violências físicas. Cremos, muito ao contrário, que na separação é que reside o maior perigo das animosidades, vinganças, ciúmes, etc. Enquanto vivem em comum, honestamente, raramente chegam os cônjuges a tais extremos, a não ser quando se trata de pessoas com tendências criminosas, **caso em que praticariam crimes em quaisquer circunstâncias, casados ou não**. Mas se os cônjuges, suficientemente esclarecidos, aceitarem a idéia da não-separação, mesmo não sendo espíritas, não serão mais capazes de praticar violências; e nisto se avantaja o ensinamento espírita.

❖

Em resumo: os que querem viver nas leis do mundo aceitam a separação e a praticam de acordo com essas leis por desquite, divórcio ou qualquer outro processo que convenha; mas os que preferem o testemunho evangélico, esses não se separam e permanecem nos seus postos de sacrifício até os limites das possibilidades.

E quais são esses limites? Usando do livre-arbítrio cada um julgará por si próprio e terá responsabilidade direta ante Deus, sobretudo havendo filhos.

12

DIFICULDADES DA EXEMPLIFICAÇÃO

Estas dificuldades existem e não são poucas; há situações verdadeiramente difíceis, que são tentadores convites à separação; mas nisso, justamente, é que reside o testemunho. É o caso de perguntar:

Quem criou tais situações? Não foram os próprios cônjuges, nesta ou em vidas anteriores?

Pois de fato: se casaram por atração carnal, deram vazão aos seus desejos e devem agora colher os frutos; se o fizeram atendendo a conveniências sociais ou econômicas também são, da mesma forma, responsáveis; e se, por último, se uniram para resgates reparadores mais que nunca lhes cabe sofrer as provas, compreensiva e resignadamente, para aplainarem seus caminhos no futuro.

Jesus disse: **Tende bom ânimo**; e esse bom ânimo, essa coragem, são realmente indispensáveis nessas provas matrimoniais, amargas porém redentoras.

Os divorcistas, logo às primeiras divergências domésticas, que são sempre inevitáveis, pensam no tentador recurso da separação e isso quase sempre lhes sonega a oportunidade do testemunho.

Com essa mentalidade separatista não se julgam obrigados a suportar dificuldades e apelam sempre e logo para o que é mais cômodo, fácil e agradável, a saber: libertação, afastamento, novas aventuras amorosas. Mas os partidários do testemunho, ao contrário, se esforçam, desde o início, em dirimir dúvidas, destruir os germes do mal, afastar as causas dos atritos, renunciar ao amor próprio, antes que as dificuldades se tornem insuperáveis; é o mais evangelizado, neste caso, o que mais depressa transige, tolera, humilha-se mesmo quando isto se torna necessário ao bem geral da família.

Na maioria dos casos estas renúncias logram vitórias com o tempo e com o auxílio do Alto, que nunca deixa abandonado o lutador que tem mérito e sinceridade; porém, se de todo houver insucesso, pela incompreensão, retardamento espiritual, ou má vontade do outro cônjuge, então pelo menos o mais esclarecido terá ido até o ponto final de suas possibilidades; cumpriu honestamente seu dever e ressalvou suas responsabilidades face aos outros julgamentos; e está escrito: **A cada um será dado segundo suas obras**.

O conselho, pois, a todos, é este: nunca sejam os agentes das separações; se, por fim, tudo falhar, sejam, pelo menos, unicamente vítimas.

13
CONCLUSÃO

Em todos os casos normais, salvo os de adultério, o divórcio não se justifica porque: se se trata de casamento por amor, não cabe a medida, por desnecessária; se se trata de atração física ou conveniência social, melhor será procurar transformar a aparente infelicidade em feliz oportunidade de aprendizado espiritual, exercitando as virtudes da tolerância, da renúncia e da fraternidade humana, caminho certo e seguro do respeito e da simpatia, que antecede o amor imortal; finalmente, se se trata de resgate para pagamento de dívidas do passado, muito menos ainda cabe a medida, porque estas devem ser pagas integralmente, para que os cônjuges aplainem seus caminhos futuros.

O casamento só deveria ser feito por amor espiritual mas, nos mundos baixos como o nosso, esse tipo de união é raro, predominando as formas de casamento por atração física ou conveniências materiais.

Não havendo amor ou afinidade e chegando os cônjuges a pontos extremos, o que mantém a união não são formalidades ou registros legais de cartórios, que asseguram direitos, mas não convivência.

Nesses casos o que deve prevalecer será: 1) os deveres para com os filhos; 2) a necessidade imperativa dos resgates cármicos. Desde que aceitem isto, os cônjuges se manterão firmes nos seus postos nos lares, como responsáveis que são por eles perante a divina justiça. E assim não terão fracassado na encarnação do momento mas, muito ao contrário, terão plantado fundas raízes do amor verdadeiro na eternidade.

Nos dias atuais aumenta exageradamente a licenciosidade, em todos os aspectos da vivência social, e afrouxam-se ainda mais os tênues laços que ainda continham a crescente abertura para esse lado, enquanto por toda parte também aumenta a criminalidade, a insegurança, a indiferença religiosa, acentuando-se os sintomas da decadência moral que caracteriza os períodos finais evolutivos.

Em nosso país essa situação teve seus reflexos bem marcantes, que culminaram no setor político-social com novas aberturas, inclusive a lei do divórcio, há muito tempo esperada para definir, mais positiva e definitivamente, a situação dos casais que preferiam separar-se.

A licenciosidade cada dia maior que se estabeleceu no mundo, principalmente no setor do sexo, permitindo uma intimidade excessiva que favorece ainda mais, é bem de ver, a decadência social, o número de separações e o enfraquecimento dos laços familiares cria uma situação que justifica e exige a cooperação repressiva de todos nós; isto explica a republicação deste livro que é gota d'água no panorama geral, mas fecunda semente e frondosa árvore para o caminheiro que passa em busca de caminhos certos.

O sexo domina e se torna elemento poderoso que altera até mesmo as conceituações jurídicas das transgressões penais e se transforma no elemento principal, predominante da vida humana, emparelhando-se, aliás, vantajosamente, com o álcool, o fumo (este também liberto de qualquer restrição), restando somente considerar os entorpecentes mais violentos e mais nobres, para se completar o quadro das infelicidades que se abatem sobre o país, para se tornarem, juntamente com o dinheiro, os motivos principais da vivência humana atual neste planeta.

Mas, pergunta-se: e Deus, o Criador dos mundos, o doador da vida universal, alguém pensa n'Ele, sendo homem maduro ou sendo jovem?

Muitos ainda existem que pensam o seguinte: Como os espíritos em geral são partículas mentais divinas, pensamentos divinos mergulhados nos mundos materiais para evoluir e retornar às origens; centelhas de luz e inteligência emanadas de Deus, que se transformam em seres vivos, pensantes, dotados de sentimentos e do poder de amar, é de crer que sob essa capa sórdida de inferioridades, o espírito se contém e se prepara para afirmar que vive, sente, vibra nas teclas dos sentimentos, não sendo definitiva essa situação em que se encontra agora e que aguarda ansiosamente a hora de sua libertação.

E acreditamos nisso porque a semente de amor, pureza e espiritualidade potencial que existe em cada ser vivo é imortal e não desaparece, mas reviverá em breves dias, quando o sopro divino do julgamento cíclico varrer o globo e convocar a todos para o selecionamento anunciado por Jesus nos momentos finais de sua última manifestação na Terra.

Estamos vivendo as horas sombrias em que as trevas dominam, mas o sol da verdade e da justiça divina, o sopro da redenção pelo amor — brilhará em breve — iluminando as mentes amarguradas dos homens encarnados consolando e novamente enchendo de esperanças os corações dos homens tristes que habitam este mundo de expiação e de provas.

Passando já estão os homens pelas provas dolorosas criadas por eles mesmos, mas, com auxílio dos Espíritos do Bem e a proteção do Divino Pastor, vencerão essas provas e ressurgirão como seres felizes no mundo novo que está sendo preparado para receber a nova humanidade regenerada.

Jesus disse no horto, quando os guardas do templo o rodearam e prenderam: "Esta é a hora do príncipe das trevas", mas logo depois, no cimo do Calvário, prometia ao infeliz que ocupava a cruz ao seu lado e que nele crera: "Hoje mesmo estarás comigo no paraíso".

Para a Terra esta hora negra passará e outra virá mais feliz para todos aqueles que crerem n'Ele e seguirem seus ensinamentos redentores.

E nesses ensinamentos, visando os dias que estamos vivendo hoje, está escrito: "Não separe o homem o que Deus juntou".

Como Ensinar Religião às Crianças

Pedro de Camargo (Vinícius) e Edgard Armond

1
Ensino Religioso

Pensamos que o ensino religioso, em seu sentido verdadeiro, em sua expressão legítima é uma necessidade, constituindo a mais elevada e útil de todas as disciplinas.

Religião, segundo a própria etimologia do vocábulo – *religio*, *religare* – significa religar. Sim, ligar outra vez, visto que a primeira ligação, aquela que se verifica entre o Criador e a criatura, já existe, à revelia desta, de todo o sempre. Resta, pois, que se processe a segunda ligação consciente da criatura com o seu Criador. O primeiro liame efetuou-se de cima para baixo, o segundo deve realizar-se de baixo para cima. "Assim se consuma a divina união, de acordo com o sábio conceito de Jesus: Pai, quero que eles (os discípulos) sejam um em mim, como eu sou um contigo, para que todos sejam aperfeiçoados na unidade" (João 15:4,7).

É preciso que o homem saiba donde veio e para onde vai; que tenha noção da origem do "Eu real", que não é produto da concepção, pois preexiste e subsiste ao corpo; que perceba em si mesmo a vida verdadeira, e sinta a grandeza, a excelência e a sublimidade dessa Vida revelando-se na inteligência, na vontade e no sentimento. Da íntima percepção da vida – que importa já no início consciente da ligação da criatura com o Criador – decorre naturalmente o sentimento da dignidade própria, do dever e da moral em seus mais excelentes aspectos.

Tal é, em ligeira síntese, a base da religião que deve ser ensinada na escola, no lar e nos templos.

2

EXPLICAÇÃO

Sendo numerosos e constantes os pedidos que recebemos, de Centros filiados e de particulares sobre métodos a seguir e publicações a adotar para o ensino de doutrina a crianças, resolvemos aconselhar uma mudança de processos, em face dos atualmente em uso, para apontar uma direção nova, mais concordante com a pedagogia especial que deve ser aplicada ao ensino infantil.

Solicitamos então aos confrades Pedro de Camargo (Vinicius) e Edgard Armond que tomassem a seu cargo, em comissão, a elaboração desse trabalho.

Dando agora a público, em modestos fascículos de distribuição gratuita, o trabalho apresentado por esses companheiros, esperamos que ele seja bem aceito e, sobretudo, compreendido, no seu elevado significado, por todos aqueles que se dedicam à instrução e educação religiosa das futuras gerações de espíritas de nossa terra.

Este trabalho, como é fácil de ver, representa unicamente um esforço de melhor compreensão da doutrina pelas crianças, uma semente que se lança ao solo na esperança de que germine e produza bons frutos.

Não é, portanto, uma obra definitiva, mas, repetimos, uma simples tentativa de melhorar processos e de realizar o ensino religioso em moldes mais racionais e intuitivos.

Com esta despretensiosa publicação a Federação Espírita do Estado de São Paulo procura, outrossim, dar cumprimento ao que estabelece a letra "b" do art. 2º dos seus Estatutos onde dizem: "promover aulas dominicais e a instrução moral e doutrinária da infância e da juventude".

E, dado o caráter experimental desta obra, a Federação aceita as sugestões que lhe sejam enviadas visando seu futuro aperfeiçoamento, em possível e oportuna revisão.

A Diretoria da FEESP

3

ESCOLA DE RELIGIÃO PARA CRIANÇAS

NOÇÕES GERAIS

Desaconselhamos uso de catecismo para o ensino religioso das crianças. Pensamos que o melhor processo seja estabelecer conversações, procurando interessá-las em contos e historietas instrutivas. Geralmente, as crianças prestam atenção aos relatos simples, bem urdidos, cujos desfechos encerrem exemplos dignos de serem imitados.

Como é sabido, deve-se partir do simples para o complexo, do concreto para o abstrato. Esta regra pedagógica, usada nas disciplinas escolares, é a que se deve aplicar também no ensino da religião.

Cumpre termos sempre em vista que Jesus se apresentou no cenário terreno como mestre. Foi este o único título que avocou a si, e nenhum outro. Ele ensinava a seus discípulos pelo método natural empregando, por vezes, parábolas de fundo moral, as quais eram entretecidas de motivos tirados da vida cotidiana, isto é, dos usos e costumes vigentes no seu tempo e no seu meio.

É indispensável que a professora de crianças desça até o plano destas, nivelando-se com elas, empregando linguagem clara, acessível ao entendimento infantil. Havendo interesse da parte da criança pelo assunto ensinado, ela, naturalmente, torna-se atenta e disciplinada. Máxime em matéria religiosa é absolutamente necessário satisfazer o requisito acima.

O Espiritismo não pretende impor dogmas; portanto, o seu programa consiste em despertar os poderes anímicos latentes na criança, de modo que ela descubra, por si mesma, a verdade, de vez que a verdade não se ensina nem se aprende, descobre-se, conforme diz o Mestre: "Se permanecerdes nas minhas palavras, sereis realmente meus discípulos; e **conhecereis** a verdade, e a verdade vos fará livres".

Devemos, portanto, apelar sempre para o raciocínio e não para a memória. Este processo é o inverso daquele empregado pelos credos totalitários, cujo objetivo é atulhar a mente infantil de regras e preceitos, que deverão ser retidos na memória.

Semelhante método jamais pode corresponder aos legítimos imperativos da educação, pois esta, quando verdadeira, transforma-se posteriormente em auto-educação, habilitando o discípulo a dirigir-se e orientar-se por si mesmo na aquisição de conhecimentos.

A Educação, em sua legítima expressão, faz homens livres, enquanto que a falsa produz títeres e imitadores, sem expediente próprio e sem personalidade.

EXEMPLIFICAÇÕES:

Queremos dar às crianças uma idéia de Deus. Como fazê-lo? O conceito de Divindade será acessível a elas?

Tudo depende da maneira com conduzir o assunto. Partindo do conhecido para o desconhecido, perguntemos às crianças donde procedem os objetos que estiverem ao alcance, no momento: cadeira, quadro, a roupa que elas vestem, o calçado que trazem, etc.

Naturalmente, elas vão responder que tais objetos foram, respectivamente, feitos por alguém. Amplie-se a pergunta, referindo-se às casas, aos teatros, aos veículos: em seguida, mostre-se um relógio, com seu complicado maquinismo, insistindo com ênfase na pergunta: De onde veio tudo isso? Apareceu assim como vemos?

As crianças vão dizer que os pedreiros fazem casas, o relojoeiro faz relógios, a costureira faz as roupas, etc. Conseguindo este primeiro passo, segue-se a outra pergunta: Quem fez as flores, os rios, as árvores e as montanhas? Quem fez as estrelas, o sol e a lua? Quem fez o gato, o cachorro, a lebre e o passarinho?

As crianças sentir-se-ão embaraçadas no primeiro instante, porém, auxiliadas convenientemente, concluirão que tais obras não foram feitas pelos homens. Dir-se-lhes-á então, que Deus é o criador de tudo que não é obra do homem. E mais ainda: provindo de Deus toda a criação, nós também temos essa mesma origem e procedência, sendo Ele, portanto, o Pai comum de todos nós.

Desta maneira, a criança terá uma conceituação razoável de Deus, mediante o seu próprio raciocínio.

Mais tarde, essa idéia se desenvolverá indefinidamente, conservando incólume seu ponto de partida. Construiremos, assim, sobre a rocha, a consciência religiosa da infância, da mocidade e do adulto.

Mais um exemplo:

Imaginemos que vamos ensinar o que é a prece.

Comecemos indagando das crianças o que elas fazem quando querem alguma coisa. Elas, por certo, responderão que pedem à mãe ou ao pai. Diga-se-lhes, então, que a prece é isso mesmo: um pedido ou rogativa que endereçamos a nosso Pai celestial. Partindo desse ponto, o tema poderá ser desdobrado em aspectos multiformes. A criança saberá o que é a oração, concluindo por si mesma que é natural orar, como é natural que ela recorra aos seus pais e parentes, solicitando deles o auxílio, naquilo que elas não podem ou não sabem fazer. Jesus orou assim com seus discípulos: Pai Nosso que estás nos céus, santificado seja o teu nome. Venha a nós o teu reino. Seja feita a tua vontade assim na terra como no céu. O pão nosso de cada dia, dá-nos hoje. Perdoa-nos as nossas ofensas e faltas assim como nós perdoamos aos nossos ofensores. Não nos deixes cair em tentação; e livra-nos do mal.

E assim se procederá com tudo o mais que se relaciona com o ensino religioso, levando sempre em consideração que a professora deve orientar os discípulos no sentido de fazê-los descobrir, por si mesmos, a verdade.

Quanto à **virtude** da obediência, convém acentuar que sua característica fundamental e essencial é ser espontânea. Devemos ensinar e demonstrar os benefícios e as vantagens que decorrem daquela virtude, a qual, como ficou dito, há de revestir-se de espontaneidade. Obediência forçada e imposta por autoridade degenera e desfibra o caráter, deixando, portanto, de ser virtude, para tornar-se passividade na criança e, mais tarde, subserviência no adulto. Prometer castigo para quem desobedece e prêmio para quem obedece é, a seu turno, processo condenável. A criança deve ser instruída desde logo no conhecimento da lei de causas e efeitos, ou seja, da justiça imanente. Dar-lhe também noção de responsabilidade é outra necessidade cujos resultados são essencialmente benéficos na obra da educação, que é, como por vezes temos dito, obra de Redenção.

Outra matéria importante para ser logo ministrada é a **"igualdade"** entre todos os homens, igualdade essa que decorre da paternidade divina. Explicar que as raças são frutos do meio, importando em questões geográficas, não constituindo motivo de superioridade ou de inferioridade. Acentuar que as diferenças entre os homens resultam do grau de evolução em que se acham, tanto os indivíduos como os povos e nações. Pormenorizar o assunto, aproveitando o ensejo para exaltar o valor da instrução e, sobretudo, da educação, despertando assim na criança o desejo de aprender; e, ao mesmo tempo, combatendo todos os laivos de vaidade e presunção, modalidades do egoísmo, que é pecado original, que trazemos do passado.

❖

Encarnação: eis outro assunto importante que deve ser ensinado. Ao invés de dizer às crianças que foi uma cegonha que trouxe o seu irmãozinho, ensine-se logo, a verdade, explicando que é mais um Espírito que veio encarnar na família. Diga-se que **encarnar** é uma coisa semelhante a vestir-se uma roupa e que morrer é despir a roupa que se vestiu ao nascer. Destarte, a criança terá uma idéia razoável e exata do que seja **o nascer e morrer.** E também do que é a reencarnação, fato que se apresentará como sendo a volta do Espírito à Terra para ultimar a tarefa que não ficou acabada; ou, ainda, como a repetição de ano para o aluno que foi reprovado no exame. De outra sorte, o conceito de imortalidade será implicitamente ministrado.

Enfim seria estender demasiadamente esta ligeira exposição se quiséssemos tocar em todos os demais preceitos e doutrinas que se entrosam na urdidura do ensino de religião.

Quer parecer-nos que a idéia, o programa a ser usado com eficiência, está mais ou menos delineada. O mais depende da professora que será tanto mais auxiliada pelo divino Educador, quanto mais se esforce, em prol da infância; quanto mais se dedique à sagrada missão de colaborar com ele na obra de redenção humana, obra que deve começar na criança, conforme se infere dos seus memoráveis dizeres: "Deixai vir a mim os pequeninos, porque deles é o reino dos céus".

Feita assim a apresentação deste trabalho e a justificação do processo em que se baseia, passamos agora a oferecer mais alguns exemplos de sua aplicação prática, tomando por tema um ou outro dos muitos postulados fundamentais da Doutrina.

4
Jesus

Nosso Pai celestial recomenda os filhos menores aos cuidados dos maiores. Os irmãos mais velhos auxiliam e ensinam os mais moços; conduzindo-os e os orientando na jornada que todos nós fazemos por este mundo.

A idade dos Espíritos calcula-se não pelo tempo, mas pelo saber, pelas virtudes, pelos conhecimentos em geral adquiridos através de experiências, porfias e lutas, no sentido de vencer as dificuldades e tropeços encontrados pelos caminhos que todos deverão percorrer.

Dentre os nossos irmãos mais velhos, destaca-se de modo especial aquele cujo nome é Jesus.

A ele o Pai confiou a grande e dificultosa missão de guiar e conduzir os Espíritos que se acham neste planeta. Ele foi escolhido porque conhece todo o carreiro a vencer, formado por todos os mundos, precisamente por haver já, em tempos, feito a jornada. Daí por que ele disse, referindo-se a si próprio: Eu sou o caminho, a verdade e a vida; ninguém vai ao Pai senão por mim. Isso quer dizer que ele é o caminho da vida verdadeira, isto é, da vida libertada das contingências que se verificam com o nascimento e a morte. Os Espíritos só chegam a esse resultado após longo tempo de aprendizagem, vivendo em muitos planetas, conquistando muito saber e muita virtude.

O nosso irmão Jesus vem, através de séculos e milênios, trabalhando com afinco no desempenho da incumbência que lhe foi dada pelo Pai. Ele age como pastor solícito, velando pelo rebanho que está sob sua guarda. Por isso ele encarnou, em certa época, para assim entrar em contato direto com os homens, e ensinar-lhes preciosas lições sobre vários assuntos concernentes ao nosso bem, assim como fazem os professores e professoras.

Por esta razão, ele apresentou-se no plano terreno como "**Mestre**". Teve 72 discípulos e 12 apóstolos, os quais foram assim denominados porque se propuseram a auxiliá-lo no seu trabalho; e, de fato, após a morte de Jesus, eles continuaram repetindo os seus ensinos.

Não foram, porém, simples lições que Jesus legou aos homens. O que é mais notável em sua passagem pela Terra é a série de exemplos com que ilustrou e materializou os ensinamentos ministrados. Cumpre considerar que ele deixou os planos superiores, já conquistados, para nivelar-se com seus irmãos atrasados e ignorantes a fim de mostrar-lhes, ao vivo, as leis divinas a que todos nós estamos sujeitos. Era tão grande a ignorância aqui reinante, que o nosso bem amado irmão Jesus, longe de ser condignamente recebido, foi, antes, repudiado, perseguido e morto numa cruz, pena essa então aplicada aos assassinos e ladrões.

Mas dirão vocês: se Jesus era tão bondoso e dedicado, por que o mataram? Por ignorância, conforme já vimos acima. A ignorância arrasta os homens à prática de muitas maldades e loucuras. Portanto, devemos mover contra esse mal um combate sem tréguas. Não é certo que as crianças se zangam e se revoltam, por vezes, contra seus pais, mestres e irmãos mais velhos, quando contrariadas em seus desejos insensatos? As crianças procedem dessa maneira porque ignoram o que lhes fica bem e o que lhes fica mal. Conhecendo essa condição dos que ignoram, Jesus, quando pendurado no madeiro, antes de morrer, dirigiu a Deus a seguinte súplica em favor dos seus perseguidores: Pai, perdoa-lhes; pois eles não sabem o que fazem.

Verificamos, pois, que a obra da nossa redenção, confiada a Jesus, é a obra de educação. Temos que vencer nossa ignorância aprendendo todos os dias alguma coisa nova. Os maus, os criminosos, os promotores de discórdia, intrigas e guerras são os ignorantes. Não importa que muitos dentre eles saibam ler e escrever, falem muitas línguas e saibam fazer contas e operações difíceis. São ignorantes, porque, sabendo, embora, muitas coisas, ignoram a parte principal de toda a sabedoria, que é ser bom e ser justo: ser amorável, leal e verdadeiro. A ciência que sai da cabeça não é bastante. Precisamos, sobretudo, conhecer a ciência do coração, que é a ciência do amor.

O dia em que os homens se instruírem nessa ciência, que é aquela que, por excelência, Jesus nos veio ensinar, não haverá mais guerra, nem fome ou miséria, nem vício, nem crime. Os homens se ajudarão mutuamente, querendo-se uns aos outros, solucionando, então, todos os problemas da vida.

Quando isso acontecer haverá então um mundo melhor e a vida será mais feliz para todos nós.

5
FRATERNIDADE

Os Espíritos estão em toda parte; povoam infinitamente o espaço infinito.

Kardec – *O Livro dos Espíritos*

Já conhecemos o Pai celestial e o irmão mais velho – que é Jesus.

Os outros irmãos são todos os que habitam este planeta Terra ou que vivem nos outros mundos que povoam o espaço.

Todos esses homens e mulheres, estejam onde estiverem, são, pois, filhos do mesmo Pai celestial, irmãos nossos, e formam a grande família universal.

Seu número é imenso e nós não conhecemos a todos, mas iremos, aos poucos, conhecendo um maior número deles à medida que formos sendo capazes de amá-los; porque o amor é que aproxima os irmãos entre si.

Numa noite clara, sem nuvens, mormente no inverno, veremos que o céu está repleto de astros.

Quantos são?

Alguém pode contá-los?

Não; porque seu número é infinito; são milhões de milhões.

É verdade que os astrônomos usam telescópios – aparelhos de aumento – que atingem grandes distâncias e assim conseguem contar e classificar milhares desses astros; mas tudo o que conseguem fazer é nada em comparação com o número verdadeiro que é imenso.

São muitas as flores nos jardins e nos campos, as árvores nas florestas, as aves nos ares, os peixes nas águas. São incontáveis.

Tomem nas mãos um punhado de areia. Quantos grãos haverá aí? Talvez milhares.

Pensem agora no número de grãos que haverá nos desertos, onde há léguas e mais léguas de areia sobreposta!

Será possível contá-los?

Todos sabemos que não é possível porque esse seria um trabalho que não teria fim.

Ou será possível contar as gotas de água que existem no mar?

Também sabemos que não é possível contá-las por ser infinito seu número.

Pois mais numerosos que os astros, as flores, as árvores, os grãos de areia ou as gotas de água, são os nossos irmãos, espíritos que nasceram do mesmo Pai e que formam a grande família universal.

Por isso não deve haver separação entre os homens, sejam eles brancos, pretos ou amarelos, ricos ou pobres, bons ou maus.

Lembrem-se que nosso irmão mais velho, Jesus, nos recomendou que amássemos ao Pai sobre todas as coisas e ao próximo como a nós mesmos; e ainda declarou que do rebanho imenso formado por todos nós nenhuma ovelha se perderia.

Por que disse ele tal coisa? Disse isso justamente para nos ensinar que, perante o Pai, somos todos iguais e que deve haver entre nós a mais perfeita fraternidade.

6
A Pluralidade dos Mundos Habitados

Deus povoou de seres vivos os mundos, concorrendo todos esses seres para o objetivo final da Providência.
Kardec – O Livro dos Espíritos

Numa grande cidade há muitas casas, umas maiores, outras menores, umas mais bonitas, outras mais feias, mas todas habitadas por diferentes famílias e todas muito úteis porque agasalham, dão conforto, abrigam das intempéries.

Assim também na cidade do Pai celestial – que é o universo – existem muitas moradas habitadas pelas diferentes famílias que formam o conjunto dos espíritos.

Contemplando o céu estrelado pode-se ver uma pequena parte dessas moradas celestiais, a parte que está visível aos nossos olhos imperfeitos, pois, além dessas, outras, inumeráveis, existem formando um conjunto maravilhoso e imenso que ninguém pode abranger nem mesmo com a mais fértil imaginação.

Assim como nesta nossa morada chamada Terra, os membros de nossa família nascem e lutam, sofrem e morrem, assim também em todas elas os nossos irmãos pertencentes às outras famílias também nascem, lutam, sofrem e morrem nesse esforço incessante de procurar o caminho para regressar ao seio do Pai.

Há moradas mais belas onde a vida é mais feliz: são aquelas habitadas pelos nossos irmãos mais adiantados, assim como há outras inferiores à nossa, mais feias, mais sombrias, onde a vida é mais custosa e mais triste e cujos moradores são os irmãos nossos que se encontram mais atrasados, uns porque estão iniciando sua viagem, outros porque ainda não puderam compreender e outros, ainda, porque não quiseram obedecer aos ensinamentos recebidos.

Nas inúmeras moradas da cidade celestial do Pai, todos recebem agasalho, realizam seu esforço, aprendem suas lições, adquirem conhecimentos sobre a vida, sofrem suas provas, ganham experiência e conquistam, cada vez, energias novas para o prosseguimento da jornada eterna.

E assim se confirmam as palavras de Jesus: Na casa do meu Pai há muitas moradas. Vou preparar-vos lugar; e, depois de preparado, voltarei e tomar-vos-ei para mim, para que onde eu estiver, estejais vós também. – João 14:3–4.

7
A IMORTALIDADE DA ALMA

Quando o corpo morre, a alma volve ao mundo dos Espíritos, retorna à vida eterna.
Kardec – O Livro dos Espíritos

O pai celestial nos criou para a vida e não para a morte; por isso a vida é eterna e a morte, uma passagem deste para outro plano da mesma vida.

A nossa morada natural é nos céus junto do Pai, mas por causa de nossas imperfeições não podemos lá permanecer e somos obrigados a viver em outros lugares, afastados d'Ele, e viajar dum lugar para outro para nos instruirmos e nos tornarmos bons.

Nessa viagem, que é muito longa, quando descemos a alguma morada sombria, desconfortante, onde reina a escuridão, podemos dizer que morremos para o céu; mas isso é passageiro porque logo depois voltaremos para lá e penetraremos nas suas claridades, renascendo para a verdadeira vida.

Mas seja quando penetramos nas moradas escuras, seja quando voltamos para as zonas iluminadas, estamos sempre vivendo, sempre conscientes de nós mesmo. Nada poderá nos destruir, nem o fogo nem a água nem as tempestades. No máximo, podem ser desfeitas as nossas vestes grosseiras, o nosso corpo de carne, mas nós, não, porque somos espíritos e o espírito é indestrutível. Nada, pois, impedirá a nossa marcha, nenhum obstáculo do caminho nos poderá impedir de viver, porque somos imortais.

A morada Terra, onde estamos agora, é um desses mundos escuros, desconfortantes. Por isso em volta de nós e por toda a parte só vemos sofrimentos, angústias e mistérios, mas a despeito disso estamos todos vivendo, dia por dia, hora por hora, a nossa vida, a vida que merecemos. E assim sucederá sempre em qualquer parte onde estivermos porque a vida não cessa nunca: é eterna.

Olhem o sol: não se levanta de manhã e não se põe à tarde, todos os dias, todos os meses, todos os anos, sem parar? Olhem o mar; suas ondas não estão eternamente em movimento? Assim também nós: vivemos sempre, acordados ou dormindo, gozando ou sofrendo, nesta ou em qualquer outra morada, hoje, amanhã e sempre, porque somos imortais.

8
REENCARNAÇÃO

Os Espíritos revestem temporariamente um invólucro material perecível, cuja destruição pela morte lhes restitui a liberdade.
Kardec – O Livro dos Espíritos

Para realizar determinadas tarefas precisamos de vestuário apropriado.

O soldado veste uniforme; o operário, um macacão; para navegar nos ares, o aviador usa de casacos de couro e o mergulhador, para descer no fundo das águas, precisa de um escafandro.

Enfim, conforme o meio em que se vai agir precisa-se de uma vestimenta apropriada porque, em caso contrário, não poderemos penetrar nesse meio.

Quando o Pai celestial nos criou, como espíritos, nos revestiu de roupagens celestes, muito leves e delicadas, próprias para vivermos nos céus; mas também nos forneceu roupagens mais grossas apropriadas à grande viagem de instrução que teríamos de empreender, através dos mundos, antes de podermos regressar à nossa morada divina.

Como, durante essa viagem, somos obrigados a habitar ora numa ora noutra das muitas moradas da cidade universal, e como cada uma delas possui condições de vida diferentes, segue-se que, em cada uma delas em que entramos, temos de vestir a roupa que lhe for própria.

Assim, nesta morada em que estamos agora e que se chama Terra, a roupa que usamos é de carne e por isso dizemos que estamos aqui encarnados.

Mas haverá morada em que a roupagem não será de carne, mas outra qualquer que for ali usada.

Esta roupa carnal, como é muito grosseira, nos submete a uma porção de necessidades físicas, também grosseiras, como, por exemplo, comer, beber, respirar, expelir detritos orgânicos, etc. – que não serão iguais às necessidades de outros mundos, o que quer dizer que, conforme o mundo em que vivemos e a roupa que usarmos, assim serão as necessidades físicas a que estaremos sujeitos.

Ora, o aprendizado de nossa viagem nos obriga a estarmos sempre entrando e saindo, ora duma ora de outra dessas inúmeras moradas existentes pelo caminho, e isto é deveras trabalhoso, se bem que útil; mas quando formos capazes de assimilar os ensinamentos de Jesus e segui-los à risca, então estaremos livres dessas visitas contínuas, dessas mudanças e do uso dessas roupas grosseiras; então poderemos seguir nosso caminho com muito mais rapidez, terminar a viagem muito mais depressa e usar a roupagem celeste, que é própria para viver nos céus.

Esse mudar de roupa é para a alma o que denominamos reencarnação, isto é, deixar uma vestimenta e envergar outra.

9

INTERCOMUNICAÇÃO DOS MUNDOS

As relações dos Espíritos com os homens são constantes e podem ser ocultas ou ostensivas.

Kardec – O Livro dos Espíritos

Nas cidades dos homens os moradores das casas vivem isolados uns dos outros?

Não; vivem em sociedade. Procuram-se, visitam-se, auxiliam-se mutuamente.

Pois assim também é na cidade do Pai celestial.

Apesar das grandes distâncias existentes entre as diversas moradas, por ser o universo muito grande, mesmo assim há ligação e intercâmbio entre uns e outros.

Aqueles que já moraram aqui conosco e que partiram, prosseguindo sua viagem, voltam constantemente para nos visitar.

Nós, porém, nem sempre os vemos porque já não possuem mais a roupagem de carne que nós usamos; usam outra, diferente da nossa e invisível para os nossos olhos materiais.

Por isso é que muitos pensam que eles morreram, que desapareceram quando a verdade é que continuam vivos, tão vivos como nós, pois que a morte não existe.

Grandes serviços nos prestam esses irmãos que já partiram, nos instruindo, alargando nossos conhecimentos, dando-nos lições muito úteis sobre o que se passa em outros lugares das grandes cidades do Pai.

Muitos dos que partiram tornam a voltar para aqui, quando os caminhos deste planeta ainda não foram todos palmilhados, enquanto que outros terminam a tarefa e não voltam mais; porém, em qualquer parte onde estejam, podem se comunicar conosco, transmitindo-nos suas idéias e sugestões e ainda por outros meios que vocês saberão mais tarde.

Não só os bons Espíritos influem sobre nós, de modo benéfico. Os atrasados, por sua vez, também o fazem, se formos maus, causando-nos malefícios. São eles denominados – diabo, demônio, satanás, belzebu, etc. Tais denominações são simbólicas e representam as entidades ignorantes e malfazejas que existem, tanto no além como aqui mesmo na sociedade em que vivemos.

10
Responsabilidade

> Pois que tem a liberdade de pensar, tem igualmente o homem a liberdade de agir. Sem o livre-arbítrio o homem seria máquina.
>
> *Kardec – O Livro dos Espíritos*

A responsabilidade a que aludimos é a compreensão que todos devemos ter a respeito das conseqüências ou resultados que decorrem dos nossos atos.

Se atirarmos água à parede havemos de nos molhar porque essa água se voltará sobre nós. Se metermos o dedo ou a mão no fogo, ficaremos com o dedo ou com a mão queimados. Se espetamos um alfinete em qualquer parte de nosso corpo sentimos dor. Se pisarmos, descalços, num caco de vidro, ferimos o pé. Se quebrarmos um objeto de valor causamos prejuízo a alguém. E assim sucede com todos os nossos atos, dos mais simples aos mais importantes.

Chama-se isso lei de "causalidade" ou de "causas e efeitos". Essa lei abrange a nossa conduta através de todos os tempos. Nada fazemos de bom ou de mau que não se reflita sobre nós mesmos.

É de muita importância termos este conhecimento, pois poderemos evitar, se formos prudentes, dissabores, prejuízos e sofrimentos deixando de criar as causas que originam esses males. Muitas doenças resultam de extravagância e de excessos que praticamos. Sobrecarregando-se o estômago provocamos indigestão e outras perturbações do aparelho digestivo, tais como dores de cabeça, tonteiras, azia, etc. Se persistirmos nesse erro, podemos adquirir moléstias graves e até incuráveis.

Isto no que respeita ao corpo, cumprindo notar que a nossa alma também será afetada com o nosso procedimento, de vez que a lei de "causas e efeitos" vigora tanto no plano material como no espiritual. As pessoas que contraem o hábito de mentir acabam perdendo a confiança de todos, pois ninguém acreditará em sua palavra ainda mesmo quando digam a verdade. Aqueles que ofendem e maltratam os seus semelhantes se tornam malquistos e inimizados, vivem sós, pois é natural que todos se afastem dos indivíduos que assim procedem.

Iríamos muito longe se fôssemos citar casos e exemplos semelhantes. Basta que tenhamos sempre em vista o seguinte: "Aquilo que o homem semeia, isso mesmo colherá". Nossos atos, bons ou maus, determinam conseqüências boas ou más que nos alcançarão mais cedo ou mais tarde, onde quer que estejamos, neste ou em outros planos da vida. Nós mesmos, portanto, somos criadores de nossa felicidade ou nossa desventura conforme seja a nossa norma de conduta. Por isso é que o divino Mestre disse com muita sabedoria: A cada um será dado segundo as suas obras.

11
JUSTIÇA

A justiça consiste em cada um respeitar o direito dos demais.
Kardec – O Livro dos Espíritos

Justiça, segundo o ensino de Jesus, é não fazer aos outros aquilo que não queremos que os outros nos façam.

Ora, nós não queremos que os outros nos prejudiquem, nos molestem, nos persigam e nos ofendam, portanto, não devemos fazer nada disso ao nosso próximo.

Quem se mantiver dentro desse preceito tão claro e tão simples viverá segundo a justiça.

Existem ainda outros aspectos em que essa virtude pode ser apreciada. Dar a cada um aquilo que lhe pertence, a que tem direito é, por sua vez, uma expressão de justiça. Vamos recorrer a um exemplo para melhor elucidar este assunto que é de máxima importância:

Quando a mãe distribui entre os filhos algumas frutas ou doces, o que fazem eles? Não é verdade que comparam logo a parte que cada um recebeu? E se acontece que um deles recebeu menos, não é certo que logo protesta? Esse protesto será um ato de justiça? Conforme. Se o menino que assim procede for capaz de reclamar em outra ocasião por haver recebido mais, agiu impelido pela idéia de justiça; mas, se silenciar tendo sido melhor aquinhoado que seus irmãos, então já não se trata de justiça, mas de egoísmo. Este sentimento, chamado também amor-próprio, é o pecado original com que nascemos e cujas raízes estão mergulhadas nas profundezas das nossas almas. Levados pela sua perigosa influência, os homens cometem muitos delitos e iniqüidades, pois o egoísmo é incompatível com a justiça, constituindo mesmo o seu maior inimigo. Por isso não façamos aos outros aquilo que não queremos que os outros nos façam.

12
Conclusão

Explicadas as razões que justificam e recomendam o novo processo de ensino que julgamos dever ser adotado para a instrução das crianças nas verdades espíritas, apresentamos alguns exemplos a título elucidativo.

São simples diretrizes que traçamos para orientar os pais e professores encarregados das aulas de doutrinas, cabendo a estes, para os demais assuntos e para a exposição de seus detalhes, que são inúmeros, seguir o mesmo método, isto é, descendo sempre à mentalidade infantil e apresentando o ensino de forma que possa ser por ela compreendido e assimilado.

Tudo deve ser o mais simples possível, tendo-se em conta – e isso é importante – que o assunto que não possa ser assim simplificado estará acima da compreensão infantil, não devendo, portanto, ser apresentado, justamente porque não seria compreendido; e se insistíssemos iríamos burlar o sistema ora preconizado, incidindo nos mesmos erros que desejamos combater. A criança, nesse caso, o mais que poderia fazer seria decorar o ensino e repeti-lo depois automaticamente, sem haver assimilado a verdade.

Para a exemplificação que oferecemos, escolhemos postulados fundamentais da doutrina espírita que abrangem muita matéria, podendo, por isso, ser desdobrados a menor ou maior extensão segundo a inteligência ou a habilidade didática do educador.

Os exemplos apresentados não são rígidos; fica à vontade do instrutor modificá-los, porquanto só servem para demonstrar o sistema a usar no correr do ensino.

Ensinar não é transmitir lições: é despertar e orientar a razão do discípulo de maneira que ele não só se enfronhe do assunto então ventilado, como se convença de que está em suas mãos e ao seu alcance prosseguir nas pesquisas explorando o inesgotável filão daquele ouro de que se compõe a riqueza inalienável, a qual, no dizer do Mestre, o ladrão não rouba, a traça não rói e a morte não arrebata.

O Espiritismo e o Comunismo

1

Advertência Necessária

Os conceitos formulados neste opúsculo não visam, absolutamente, fins políticos; como se pode ver no texto, não se afastam do campo rigorosamente doutrinário.

O autor é infenso a competições partidárias, mas, todo cidadão, no gozo do seu livre-arbítrio (que é sagrado), tem o direito de adotar a ideologia política que preferir.

O escopo deste trabalho é, unicamente, esclarecer a questão dum certo modo, mostrando seus aspectos em face aos postulados doutrinários, sem embargo das naturais divergências que existem e continuarão a existir na mente de muitos, pelo fato de que cada um de nós vê, ouve, sente e compreende as coisas conforme o grau de sua própria evolução.

Por isso todos os modos de entender são respeitáveis, como respeitáveis todas as correntes de opinião, sejam quais forem.

Na criação divina tudo é relativo e, continuamente, evolve; na vida tudo é mudança, mas as coisas estão sempre nos seus devidos lugares porque a tudo sempre preside a maravilhosa sabedoria de Deus; nada sucede fora das leis imanentes mesmo quando, a observadores menos lúcidos pareça errado, deslocado, absurdo.

Não nos cabe, pois, condenar mas compreender.

2
EXPONDO RAZÕES

Entre os espíritas existem muitos que não sabem o que pensar do comunismo; não penetram nas raízes do problema e, por isso mesmo, não conseguiram, ainda, formar juízo a respeito; outros já adotaram essa ideologia, no seu aspecto partidário, como está sendo desenvolvida no mundo, convencendo-se de estarem agindo com sabedoria; outros, enfim, constatando na prática os resultados de sua aplicação, são lhe fortes adversários, hostis opositores.

Os que adotaram a ideologia, filiando-se mesmo aos quadros partidários, julgam ser coerentes com a doutrina espírita na parte em que ela prega a fraternidade esquecendo-se, contudo, que também prega a liberdade, porque difunde a verdade espiritual e está dito que o conhecimento da verdade torna os homens livres; e, por outro lado também se esquecem que ela esclarece dizendo que na natureza não há igualdade e, sobretudo, não consideram que o que move a massa comunista partidária não é a preocupação espiritual da fraternidade, o sentimento do amor cristão — que têm fundamento no Evangelho do Divino Mestre — mas a revolta das classes contra as desigualdades sociais, o ódio contra os privilégios pessoais assegurados pelo sistema capitalista; é, como corolário ou conseqüência natural, a conquista ambicionada do poder.

Esta é a situação como a vemos.

E escrevemos este opúsculo porque entendemos ser útil aos

espíritas o estudo mais aprofundado deste assunto, não no seu aspecto político, mas no doutrinário unicamente.

Como os demais trabalhos que temos ultimamente publicado — *O Espiritismo e a Próxima Renovação*, *Espiritismo e Esoterismo*[7] e *O Espiritismo e o Divórcio*[8] —, esta publicação de agora visa unicamente cooperar para o esclarecimento destes, relevantes, delicados e oportunos assuntos, e para que os confrades espíritas possam formar sobre eles critério seguro, uniforme e judicioso, concordante com a doutrina e sem subterfúgios ou sofismas de qualquer espécie.

Não iremos, todavia, entrar aqui em detalhes históricos ou ideológicos do comunismo, porque todo mundo, como se costuma dizer, tem possibilidades de conhecê-los; eles enchem diariamente as colunas da imprensa e há milhares de livros que os difundem por toda parte, como fruto de poderosa e eficiente propaganda partidária.

Desejamos somente, repetimos, pôr em evidência o aspecto espiritual do problema, que é o único que nos interessa, visto ser o único que nos pode oferecer elementos insuspeitos e substanciais de compreensão e julgamento.

---

[7] O conteúdo desse trabalho foi incorporado à obra *Religiões e Filosofias*. (Nota da Editora)

[8] Este trabalho foi revisado e ampliado recebendo o título *Separações Conjugais à Luz do Espiritismo* e faz parte desta coletânea. (Nota da Editora)

3
O ESPELHO DA NATUREZA

Na Criação Divina — que é eternamente exuberante — impera o princípio da Diversidade na Unidade; unidade no todo, diversidade nas partes.

Essa criação multiforme é diversificada nos aspectos, nos limites, nas individuações, nos desenvolvimentos, porém uniforme nos princípios, nas leis, na essência, nas origens e nos fins.

Nada, nessa maravilhosa criação, é comum, e tudo vive sua própria vida, por si mesmo, seguindo rumos próprios.

Essa diversidade, aliás, é justamente o que permite a manifestação ampla, a expansão livre de todas as coisas e seres, cada um segundo sua peculiar natureza e destinação.

A própria ação criativa da Divindade se exerce sem limites definidos, sem interrupção em todos os sentidos, sob todas as formas; e, quanto à evolução — que é a sua razão de ser — esta se processa em inumeráveis linhas paralelas, amplas, diferentes entre si porque, se todos os caminhos vêm de Deus todos eles, igualmente, levam a Deus.

Nada há, pois, na criação que seja standard rígido, restrito, coato; não há padrões definitivos: tudo involui e evolui em formas e tipos diferenciados, capazes, em si mesmos, de expansão própria até final, segundo leis e princípios fundamentais preexistentes e de caráter universal; aliás, o eterno transformismo que caracteriza e obriga o desenvolvimento evolutivo dos ciclos não permite paradas, limitações, exclusivismos: há leis gerais imperativas, invencíveis, que tudo impulsionam permitindo a expansão da vida em todas as suas modalidade e condições.

Essas leis e princípios são comuns a todas as manifestações, conquanto estas, em si mesmas, sejam complexas, independentes e inumeráveis.

Do que está dito facilmente se compreende que tudo o que representar impedimento, hostilidade e oposição a essas manifestações é contrário à natureza e não pode prevalecer.

Quando se classificam os seres e coisas em quatro reinos, a saber: o mineral, o vegetal, o animal e o humano, nada mais se faz que agrupar manifestações similares; porém mesmo dentro de cada reino não existe nada de igual nos tipos e nas formas; os seres formam grupos, famílias, espécies e raças, mas todos conservam suas diferenciações individuais.

Tudo no Universo é individualizado, particularizado, formando um organismo maravilhosamente ajustado nas partes, disciplinado nos movimentos e tremendamente eficiente nos resultados.

• "Os princípios da vida são mais sapientes que os vossos sistemas mecânicos de nivelamento social e obtêm o equilíbrio mediante a desigualdade porque tendem não ao igualamento em um tipo único, mas à diferenciação.[9]"

• "O igualamento que não seja puramente exterior e coativo é absurdo num universo livre, em que não existem duas formas idênticas[10]."

Realmente, tomando-se dois tipos de seres de quaisquer dos reinos, ainda que pertencentes à mesma família, espécie ou raça, e os confrontando, verificaremos logo que só aparentemente se confundem mas são diferentes entre si em inúmeros detalhes, afir-

[9] *A Grande Síntese*, de Pietro Ubaldi.
[10] Ibidem.

mando sempre a diversidade na unidade. E no que respeita à atividade social raros são os casos em que a natureza oferece em exemplos de vida realmente em comum, e assim mesmo entre os insetos e outros animais de escala inferior.

Em regra geral, os animais vivem vida livre e independente, mesmo quando em rebanhos, num máximo de comunidades que não passa do acasalamento instintivo.

Na natureza não existe comunismo, e o homem querendo introduzi-lo à força no mundo, contraria as leis imanentes e constrói sobre a areia da transitoriedade.

❖

E se isso é verdade em relação aos reinos chamados inferiores, muito mais o é quando se trata do humano, onde ainda se acrescenta circunstâncias outras como, por exemplo, o livre-arbítrio, que aumentam e multiplicam enormemente as diferenciações, cada homem criando para si mesmo um destino imediato, todo pessoal, diferente dos demais.

É verdade que numa mesma família de seres há traços característicos predominantes nas formas físicas, que a hereditariedade perpetua, mas também é certo que há sempre diferenças de natureza mais profunda que os distingue uns dos outros; mesmo entre gêmeos, por mais semelhantes que pareçam ser, existem sempre sinais diferenciadores inconfundíveis.

É sabido, por exemplo, que não há dois indivíduos, entre milhões, que possuem impressões digitais idênticas ou idênticas características de retina.

E deslocando o problema para o campo espiritual então as diferenciações são muito mais profundas, porque cada indivíduo se encontra em determinada situação evolutiva e participa de condições de vida, formadas por si mesmo, em inumeráveis encarnações e que lhe são, em conseqüência, rigorosamente pessoais.

Colocado em sociedade esse indivíduo, conquanto se amolde, respeite e obedeça às leis e costumes que a regem segue, todavia, a linha exata do seu programa encarnativo próprio.

Mesmo os povos que têm pendores gregários muito pronunciados demonstram que essa circunstância é relativa e vige somente em relação aos ideais nacionalistas; não vai ao ponto de o indivíduo espontaneamente submeter-se à escravidão.

❖

Por isso é que todas as tentativas de vida em comum, sob o jugo das leis humanas (exclusivistas e forjadas quase sempre pelo mais forte) todas as tentativas de igualamento e de nivelamento de indivíduos, costumes e bens, têm fracassado no mundo.

— "A distribuição de bens, na terra, não é, como julgais, efeito de leis, institutos, sistemas; é conseqüência de um fato primordial, indestrutível: o tipo individual, e a linha do seu destino [11]".

Usando do seu livre-arbítrio o homem forja o seu destino imediato e por isso as condições de vida são diferentes para cada indivíduo e para o mesmo indivíduo, diferem ainda e modificam em cada encarnação.

Nenhuma lei terrestre pode alterar a lei divina de causa e efeito que governa os fatos da vida humana. E quando se interfere nessa lei, aplicando a força e a coação, ela reage no mesmo sentido criando efeitos que anulam a interferência, refazendo o equilíbrio e submetendo os responsáveis a futuras e pesadas provações.

❖

[11] Livro citado.

Diz ainda A Grande Síntese:

"Quando a evolução há criado valores absolutamente diversos e diversos são os caminhos percorridos e os esforços despendidos, é de justiça que as posições sociais exprimam exatamente o valor e a natureza do ser."

Quer dizer que na sociedade dos homens cada indivíduo deve ocupar o lugar que lhe é próprio e nas condições requeridas pela sua situação evolutiva e seu valor pessoal, não se permitindo, portanto, interferência de lei alguma ou força, oriundas dos homens, que alterem essa situação modificando o seu direito natural, que decorre do seu próprio destino.

Cada indivíduo ao encarnar traz uma tarefa a executar, no campo individual ou coletivo; uma experiência a fazer, uma provação a passar e, para isso, necessita de plena liberdade e de ambiente apropriado. Essas condições são-lhe sempre asseguradas pelo Alto, tendo em vista seu benefício pessoal; porém se esse indivíduo, cedendo a paixões, interesses outros ou pressões externas, filia-se a correntes contrárias de forças negativas ou por negligência ou passividade, deixa-se envolver por elas, sem a reação individual necessária, suas tarefas e experiências ficarão prejudicadas e haverá atraso na sua caminhada evolutiva.

Por isso são condenáveis todos os credos religiosos, ou políticos que interferem na vida individual dos seres encarnados de maneira coercitiva ou violenta, anulando o livre-arbítrio, destruindo a liberdade, mesmo quando tentam justificar sua atitude dizendo que visam o benefício coletivo, visto que sem indivíduo não há massa, coletividade, e nenhuma reforma coletiva se realiza e permanece se não houve, previamente, a compreensão e a reforma no campo individual.

❖

Todos nós sabemos que o atraso em que ainda se encontra a humanidade terrestre não permite a existência de uma vida social mais elevada; e como, por isso, torna-se irrealizável o comunismo de caráter evangélico, o único que não atenta contra as leis da natureza, não se pode adotar o comunismo político que está sendo imposto ao mundo, visto que representa expressão inferior e passageira da evolução planetária; para se compreender isso basta atentar sobre os métodos e processos de que lança mão em todas as latitudes, tanto para lutar como para radicar-se nos solos conquistados.

Vida em comum somente é possível em esferas elevadas, onde não imperam mais os interesses, as imperfeições e as paixões inferiores do homem encarnado, mundos em que todos vivem como irmãos, harmoniosa e amorosamente; por isso comunismo, no bom sentido, somente quando iluminado pelas luzes do Evangelho, na teoria e na prática.

E isso mesmo tratando-se de comunidade de sentimentos, de compreensão e de ideais, que jamais impliquem na perda ou mesmo na restrição da personalidade que, quanto mais o ser evolui mais se apura, se expande e engrandece; quanto mais aumenta sua compreensão espiritual mais puro é o sentimento e mais amplo e mais forte o amplexo de fraternidade com que envolve os semelhantes, visando a unidade final no amor.

Porque a espiritualização não tende a formar rebanhos inconscientes e numerosos de homens escravos, mas legiões organizadas, disciplinadas e purificadas de homens livres.

4
OS EXEMPLOS DA HISTÓRIA

A história mostra como o comunismo foi tentado muitas vezes, aqui e ali em várias épocas, fracassando sempre.

Os homens primitivos viviam nesse regime por necessidade de defesa e sobrevivência, porém, com o correr do tempo, se separaram. Ora, se esse fosse o regime mais acertado e conveniente teria naturalmente sobrevivido, como outros instintos naturais sobreviveram.

Assim como os homens, civilizando-se, abandonaram costumes animalizados, superando a barbárie e a antropofagia, o mesmo fizeram em relação à vida em comum, separando-se e passando a viver no regime da atividade livre e individualizada.

É verdade que se congregaram em cidades e nações, mas sempre lutando pela preservação da liberdade individual.

As comunidades de homens estabelecidas na antiguidade existiram somente enquanto empregaram a força para se manterem ou quando interesses muito fortes as conservavam vivas temporariamente; mas terminaram todas por se dissolverem, mesmo quando implantadas pelo Estado, como foi o caso de Esparta.

Nem mesmo o gênio de um Platão, que idealizou e propôs um modelo de vida em comum, considerado ideal, conseguiu obter sua adoção ou interessar os homens na sua prática.

A vida das congregações e ordens religiosas se mantém pela rigidez da disciplina eclesiástica, pela identidade de interesses e pela supressão da liberdade individual. Ao ser iniciado, o neófito, em algumas dessas comunidades, declara-se a si mesmo "cadáver"; abdica de sua independência, morre como indivíduo para poder viver em comum, sem revolta; isso simplesmente porque a vida em comum, sem a diferenciação hierárquica espiritual, que define e separa os valores, destrói a personalidade.

Depois que Jesus Cristo desceu ao planeta e pregou aos homens seu Evangelho de fraternidade e redenção e, nos primeiros tempos após sua ressurreição, os discípulos estabeleceram, em Jerusalém, o regime de vida em comum.

Jesus tinha vivido pobremente; nem mesmo tinha, como uma vez dissera, onde repousar a cabeça; escolhera seus discípulos mais íntimos entre pescadores e gente pobre das margens do Kinereth; vivera com eles, a bem dizer, de oferendas alheias (o que, aliás, era muito comum, naquele tempo, na Palestina, em relação aos rabis ambulantes); convivera preferentemente com os pobres, aos quais prometia sempre as bem-aventuranças que os ricos se negavam a si mesmos, pregara o desprendimento dos bens materiais e das coisas do mundo; dizia "que não era do mundo" ou, então "que vencera o mundo".

Quando o "Moço Rico" o procurou para ser admitido no rol dos seus discípulos, respondeu-lhe que primeiramente dispusesse dos bens que possuía, distribuindo tudo aos pobres e que só então, voltasse.

Os discípulos se lembravam, comovidos, dessas coisas e acharam que deviam dar obediência ao Senhor, exemplificando os seus ensinos; por isso abriram suas portas a todos os mendigos e desvalidos da cidade.

Por outro lado, interpretando as palavras pela letra estavam certos que o Senhor voltaria em breves dias, como mais de uma vez afirmara, para estabelecer a justiça no mundo e redimir a todos que aceitassem os seus ensinos.

Somente não perceberam, pelas suas poucas luzes e pela rapidez com que tudo aquilo acontecera, que Ele pregara uma doutrina para homens do futuro, espiritualmente mais evoluídos, traçara um roteiro para a marcha longa da humanidade, na eternidade do tempo.

Pois isso, tanto na muralha de Davi como em outros lugares da cidade, onde se localizavam as sedes das comunidades cristãs daqueles dias, os discípulos puseram em prática o que julgaram de seu sagrado dever.

Simão Pedro — o primeiro dos discípulos; Jacó e Judas — chamados "os irmãos do Senhor" — e João dos Zebedeus — o discípulo mais jovem — que os messianistas veneravam como "santos" e "colunas da fé", passaram a exigir a renúncia aos bens materiais e não concediam o batismo, nem partiam o pão em comum com os conversos sem que estes, primeiramente, dispusessem do que possuíam e depositassem nas mãos dos discípulos o produto da venda, para sustento da comunidade; somente após isso eram admitidos e considerados irmãos na congregação do Messias.

Mas, que sucedeu então? Prevaleceu esse regime?

Não prevaleceu.

A maioria dos cristãos era formada de pobres e mendigos e os conversos mais opulentos — que comumente vinham da classe dos judeus gregos — eram em número reduzido; por outro lado, ninguém trabalhava e nem havia necessidade disso, porque o Messias voltaria dentro de poucos dias e todos seriam libertados das misérias do mundo.

Por isso, com o correr do tempo, os recursos escassearam e o sistema acabou fracassando.

Todavia, (alguns argumentam) esse regime lograria êxito se o trabalho fosse obrigatório para todos os membros da comunidade e se, não somente o consumo, mas também a produção fossem assegurados.

Pois nem assim triunfou.

Realmente, o Apóstolo dos Gentios, Espírito mais culto, homem mais enérgico e de visão mais prática e mais ampla, nas congregações que fundou em inúmeras cidades do Mediterrâneo, na Cilícia, na Galácia, na Ásia Menor e na Macedônia, obrigava todos os conversos a trabalhar e ele mesmo, o apóstolo, dava exemplo disso, trabalhando como tecelão de pêlos de cabra em todos os lugares onde se demorava.

Além disso, não acompanhou a congregação jerosolimita na adoção desse comunismo integral; limitou-se a exigir refeições em comum para as quais cada participante trazia sua cota de alimentos.

Outros exemplos há, na História, de tentativas semelhantes que o tempo, passando, relegou ao esquecimento. Não iremos exumá-los mas lembraremos de passagem que o regime comunal foi uma forma similar de vida em comum, como também o foi aquele sob o qual viveram os Incas, no Peru. Algumas comunidades religiosas como, por exemplo, os Quakers, descendentes dos puritanos ingleses e que vivem até hoje no Canadá e nos Estados Unidos, também se esforçaram por difundir regimes semelhantes; e nos mesmos Estados Unidos indivíduos particulares fizeram idênticas tentativas em pura perda.

A Revolução Francesa, sangrento episódio histórico do século XVIII, tentou um nivelamento social por baixo e o estabelecimento de um regime comum, popular, rotulado de democracia. Seu lema de Liberdade, Igualdade e Fraternidade o prova. Todavia, apesar da repercussão que ela teve no mundo este continua carente dos generosos benefícios que esse lema prometia.

Napoleão, gênio militar que veio ao mundo para consolidar as conquistas de tão ingente empreendimento, também fracassou ingloriamente deixando-se corromper pela ambição pessoal; e a plebe ignara que conseguiu arrasar o poderio milenar do absolutismo monárquico não foi, entretanto, capaz de construir a vida social em bases de igualdade, simplesmente porque não pode haver igualdade na desigualdade.

— "É absurdo um nivelamento de unidades substancialmente desiguais.

Mesmo que imposto à força esse nivelamento, a natureza dos indivíduos em breve tempo o destruirá[12]".

[12] Obra citada.

5
Ouvindo Emmanuel

Deixemos agora estas citações de História e vamos ouvir a opinião altamente abalizada de Emmanuel, a entidade espiritual tão admirada e que é um dos mais autorizados mentores espirituais de nosso País.

Diz ele:

— "A desigualdade social é o mais elevado testemunho da verdade da reencarnação, mediante a qual cada Espírito tem sua posição definida de regeneração e resgate."[13]

Em seguida acrescenta que a pobreza, a miséria e a guerra são moléstias coletivas oriundas do atraso humano e que, com a natural evolução, tendem a desaparecer.

Sobre o igualamento social ele diz:

— "A concepção igualitária absoluta é um erro grave dos sociólogos em qualquer departamento da vida. A tirania política poderá tentar uma imposição nesse sentido, mas não passará das espetaculosas uniformizações simbólicas para efeitos exteriores, porquanto o verdadeiro valor de um homem está no seu íntimo, onde cada Espírito tem sua posição definida pelo próprio esforço."

Sobre as questões que agitam o proletariado ele esclarece:

— "Os homens poderão resolver sem atritos as chamadas questões proletárias quando se decidirem a aceitar e aplicar os princípios sagrados do Evangelho. Os regulamentos apaixonados,

---

[13] *O Consolador*.

as greves, os decretos unilaterais, as ideologias revolucionárias, são cataplasmas inexpressivos, complicando a chaga da coletividade."

E mais para adiante acrescenta:

— "O socialismo é uma bela expressão de cultura humana, enquanto não resvala para os pólos do extremismo. Todos os absurdos das teorias sociais decorrem da ignorância dos homens relativamente à necessidade de sua cristianização.

Conhecemos daqui, prossegue ele, os maus dirigentes e os maus dirigidos, não como ricos e pobres mas como avarentos e revoltados. Nessas duas expressões, as criaturas operaram o desequilíbrio de todos os mecanismos do trabalho natural.".

Com isso ele quer dizer que a responsabilidade dos desequilíbrios sociais pesam sobre os homens ambiciosos de dinheiro do mundo capitalista e os revoltados do comunismo político, que querem destruir a atual ordem de coisas, dominando o mundo pela força.

E para terminar ele aconselha:

— "Que os trabalhadores da direção saibam amar e os da realização nunca odeiem. Essa é a verdade pela qual compreendemos que todos os problemas do trabalho na terra representam uma equação do Evangelho."

6
FERMENTO MATERIALISTA

E o espiritismo é Evangelho, é cristianismo; não teórico, platônico, convencional, mas cristianismo militante, no entendimento e na exemplificação.

Por isso ele combate o egoísmo, o isolamento; prega a fraternidade, a cooperação consciente e espontânea; mas não aconselha o nivelamento, o igualamento de classes e de seres, que são às leis da evolução nas suas primeiras gradações.

E esclarece que sendo os homens Espíritos, devem viver de acordo com as leis do Espírito, que invariavelmente levam para o desapego das coisas do mundo e para a glorificação das coisas de Deus; somente por ignorância primária ou por degeneração podem ser adotados os conceitos do materialismo ortodoxo porque este, sendo uma expressão inferior do entendimento, demonstra de sobejo que seu profitente ainda não despertou para a vida superior na esfera espiritual; que seu Espírito, mesmo quando intelectualmente desenvolvido, ainda se acha mergulhado nas sombras da incompreensão e da inconsciência.

Por isso, tudo aquilo que afasta o homem da espiritualidade, materializando-o, deve ser sistematicamente recusado porque é contrário ao progresso, tem duração curta e representa um retardamento para a evolução geral.

A religiosidade verdadeira, isto é, o instinto da procura de Deus, é fator indispensável para o progresso do mundo; em todo homem ele existe de forma transcendente e irresistível.

O combate ao instinto religioso, que faz parte do programa ideológico revolucionário é daqueles "crimes contra o Espírito" de que falava o Mestre e para o qual não há perdão. É esforço antinatural e conduz para a impiedade; faz o homem degenerar, reanimalizar-se, voltar à barbárie.

Imagine-se um mundo formado e dominado por materialistas convictos reacionários que não progridem, homens que só rendem culto ao intelecto, às coisas objetivas, às enganosas irrealidades da matéria!

Quem encontrará piedade, esperança ou consolação num mundo desse?

E quem não necessita a todo instante de piedade, esperança e consolação?

A ciência, fria, positiva, insensível, apoiada na força, dominará inflexível e o amor será varrido da face da terra.

Tivemos uma amostra disto há pouco tempo, na Alemanha nazista, em que predominaram conceitos e métodos materialistas para a solução dos problemas da vida humana. Uma pequena amostra...

Porém, qual foi o fim dessa nação infeliz? Ruínas, maldições e desesperos, que até agora estão ecoando aos nossos ouvidos.

Se é verdade que há materialistas de bons sentimentos capazes de receber e assimilar as luzes progressivas da verdade espiritual, o materialismo, contudo, é lesivo aos interesses do mundo por criar-lhe embaraços à evolução, retardando-a.

Mesmo os povos mais atrasados não puderam viver sem Deus. E quem o poderá se Ele é o Senhor do Universo! O criador, o doador da vida e dos bens indispensáveis à vida, em toda a eternidade!

Quem o nega, portanto, a si mesmo se nega, na realidade viva de sua própria existência; mostra que é cego ou que vê as aparências exteriores, ilusórias e fugazes, não sendo capaz de remontar à causa primeira dos efeitos.

Essa negação de Deus é, pois, uma loucura passageira de que sofrem seres de evolução emperrada e, por isso mesmo, não pode servir de base à organização da vida de um povo ou de uma nação.

7
A TAREFA DO COMUNISMO

Na atualidade o Estado soviético russo chamou a si a tarefa de implantar o comunismo no mundo; não o comunismo evangélico — que é amor e fraternidade — no qual o indivíduo é um ser sagrado, ao mesmo tempo reflexo e vaso carnal da Divindade; mas o comunismo político em que o Estado predomina de forma completa, absorvente, e o indivíduo não passa de simples expressão numérica, de valor condicionado ao grau de passividade e de submissão que demonstra em relação ao Estado absoluto.

O sistema evangélico atua individualmente pela conquista das almas, no campo da compreensão amorosa, exigindo a reforma moral para que toda a humanidade, a seu turno, se reforme, evoluindo espiritualmente; enquanto que o comunismo político se expande agindo, de plano, sobre as massas proletárias, exigindo submissão incondicional.

Procura solapar por baixo a estrutura social, carcomida, do capitalismo dominante, provocando desequilíbrios e revoluções e unicamente oferecendo aos proletários sofredores um futuro de felicidades imediatas que, no fundo e na realidade, não passa de uma desesperadora desilusão.

Como este planeta é de provação, de expiação, todos querem fugir do sofrimento generalizado e universal e apegam-se a qualquer ideologia nova que surja, prometendo vantagens e transformações sociais redentoras.

O comunismo é uma destas ideologias fascinantes, que tem grande força expansiva e vital, por ir de encontro às esperanças do povo e por contar com o apoio poderoso do Estado soviético russo.

Daí a violência dos entrechoques que mantém com os Estados capitalistas que, por instinto natural, se unem na defensiva, promovendo alianças poderosas de toda espécie, mormente as que visam a preparação bélica — posto que a guerra é ainda o alimento mais concordante com o paladar degenerado do mundo —; e assim, a humanidade se divide em dois campos bem distintos em que predominam ambições e sentimentos subalternos, mas sempre idênticos no que respeita ao valor qualificativo.

Não há dúvida nenhuma que esse comunismo político é, no momento, uma poderosa força que vai apressar a evolução do mundo, porque faz despertar nos homens das classes sofredoras um espírito de rebeldia que eles nunca supuseram possuir e de uma capacidade de luta que para eles próprios oferece resultados surpreendentes.

Sua tarefa porém não é estabelecer no mundo um sistema de vida estável, um governo durável e benéfico mas, unicamente, destruir o capitalismo que é sistema arcaico, falido, anacrônico.

Por isso é que na própria Rússia os líderes não se preocupam em implantar o verdadeiro comunismo, mas sim um Estado forte, apoiado por um exército cheio de privilégios e por uma polícia toda poderosa. O mais que resta, além da minoria partidária, é a massa anônima do povo, maioria numérica inexpressiva, amedrontada e subjugada.

Se lá houvesse realmente um regime comunista eficiente, justo e próspero, não haveria necessidade de escondê-lo do resto do mundo fechando as fronteiras do país, mas, muito ao contrário, seria posto à mostra, como exemplo de uma realização brilhante e humanitária. Não haveria melhor propaganda e o mundo inteiro caminharia logo nas suas pegadas.

Por outro lado se fosse um regime bom os filhos do país não fugiriam para terras estranhas perdendo seus bens e arriscando a vida. Somente criminosos, ameaçados pela justiça ou criaturas desesperadas por falta de meios de vida ou de segurança, procedem desta maneira.

Mas, de toda forma, essa força cósmica — o comunismo político — está cumprindo brilhantemente sua árdua tarefa lutando nos quatro cantos do mundo para modificá-lo à sua feição.

Para a humanidade atrasada deste planeta os elementos que interferem na evolução, de forma mais decisiva, são sempre os da violência, da força, da opressão, porque são valores afins. Por isso é que uma guerra faz evoluir muito mais que o trabalho pacífico de uma geração inteira; porque faz sofrer muito mais.

E como ainda não passamos a fase da violência e da destruição, é possível que esse comunismo político, já quase maduro após três décadas de governo e de experimentação, consiga uma expansão maior, domine maiores extensões do globo, submeta novos povos, antes que passe e caia nas sombras do esquecimento como tudo o mais; sua tarefa planetária ainda não está terminada.

Porém, do entrechoque dessas duas ideologias resultarão, repetimos, sem a menor dúvida, extensos benefícios para a humanidade.

A luta apressará o advento da nova era pacífica porque tende a esgotar a capacidade de ódio, violência e outros sentimentos negativos, que ainda predominam no coração dos homens.

8
O Sistema do Futuro

Mas o certo é que nenhuma das duas ideologias prevalecerá: nem o comunismo político totalitário nem a democracia capitalista do ocidente.

O que virá em seguida será um sistema liberal cristão representado pelo Estado Cooperativo[14] que é o regime da vida social natural, o mesmo que regula a vida interna dos organismos vivos: milhões de células subordinadas a um governo central, cooperando todas no funcionamento regular do corpo físico individual.

Quando a entidade central envereda pelo mau caminho, exorbita e desgoverna, todas as células sofrem, protestam e se revoltam produzindo moléstias várias, e se não há modificação no quadro geral, chegam a dissociar-se, passando a cooperar na formação de outros organismos vivos, outra sociedade celular.

Assim é uma sociedade humana: se a entidade central (Estado) exorbita, desorienta-se, desmanda-se, as células — que são o povo — sofrem e protestam, indo até a revolta conforme o caso; e se o equilíbrio por fim não se restabelece dissocia-se a comunidade tomando as células outros rumos.

Na atualidade estamos vendo destas coisas em larga escala, tanto na dissociação das células sociais como na transformação dos regimes de governo: em vários países já se estão formando partidos socialistas pseudocristãos, amparados pelo cristianismo

---

[14] Não confundir com o regime corporativo praticado pelo fascismo.

temporal do ocidente, tentando uma fórmula de salvação para o desequilíbrio geral, enquanto o comunismo político do oriente, procura revolver cada vez mais depressa os elementos convulsionados, tentando precipitar os acontecimentos.

As duas forças opostas, representando as duas ideologias em luta, se enfrentam ambas aplicando a economia dirigida já fracassada e apregoando formas viciadas e falsas da verdadeira concepção cristã de governo.

Porém das cinzas ainda fumarentas desse embate se erguerão mais tarde as construções pacíficas e estáveis do verdadeiro governo cristão e no espaço já estão sendo selecionadas as massas de Espíritos capazes de estabelecer no mundo essas modificações transcendentais e necessárias.

Porque o único comunismo viável é o do Espírito, em forma de compreensão ideal com base evangélica e o meio natural de atingi-lo é a evolução pacífica, lenta e progressiva.

— "Só há um comunismo substancial: é o que conjuga todos os fenômenos, liga todas as vossas ações, vos irmana a todos e a todos arrasta, dentro da mesma lei, sem possibilidade de isolamento, na mesma corrente: comunidade substancial de deveres, de labores, de responsabilidade não obstante as necessárias diferenças de nível que exprimem as diferenças de tipos e valores[15]."

---

[15] *A Grande Síntese*, de Pietro Ubaldi.

9
E o Espiritismo?

O Espiritismo é uma cúpula tão ampla e liberal que à sua sombra podem se agasalhar todos os credos e ideologias.

Sabe que o homem não se antecipa a si mesmo na lenta caminhada evolutiva.

Por isso é tolerante e esclarece que as convicções religiosas ou políticas vigorantes na Terra são as que correspondem ao grau ainda retardado, de compreensão e sentimento, de seus habitantes; todas têm seu próprio valor e seu papel, sempre útil, a desempenhar no aperfeiçoamento do gênero humano.

Entretanto, como a base da doutrina é o Evangelho do Cristo, por esse código sagrado se afere o valor dessas convicções: as que o contradisserem ou negarem, por si mesmas se condenarão e não estarão em condições de ser aceitas e recomendadas.

O Evangelho é paz, harmonia, amor e justiça e tudo o quanto for contrário a essas virtudes deve ser rejeitado; e, se do ponto de vista espiritual, não podemos precipitar os acontecimentos, forçando a evolução no seu ritmo normal, todavia podemos estimular esse ritmo, provocar mudanças educando evangelicamente os Espíritos e instruindo-os a respeito da verdadeira significação da vida.

— "Restaurando os ensinos de Jesus para o homem e esclarecendo que os valores legítimos da criatura são os que procedem da consciência e do coração, a doutrina consoladora dos Espíritos reafirma a verdade de que a cada homem será dado por seus méritos, no esforço individual, dentro da aplicação da lei do trabalho e do bem; razão pela qual representa o melhor antídoto dos venenos sociais atualmente espalhados pelo mundo pelas filosofias políticas do absurdo e da ambição desmedida, restabelecendo a verdade e a concórdia para os corações[16]."

❖

O Espiritismo, que não visa a conquista do mundo pela força mas o seu esclarecimento e redenção pelo amor; que não possui a ânsia de coisas materiais ou de poder temporal, mas de bens eternos a construir no coração dos homens, deve manter-se à margem dessas correntes inferiores que se chocam.

Deve ficar de lado propagando a paz e a verdade espiritual, deixando que as coisas perecíveis pereçam no seu devido tempo, pelo esgotamento natural de seu próprio destino.

Seus adeptos são os arautos do verdadeiro cristianismo, a terceira força espiritual que, dentro da paz, da ordem e da harmonia, iluminará o mundo, espargindo sua luz por toda parte.

Assim, pois, obedecendo aos conceitos de vigilância e de prudência devem-se manter alheios às lutas e às competições da violência, da demagogia e do partidarismo; só assim preservarão a liberdade individual e a independência espiritual.

Estes são, pois, os esclarecimentos e as diretrizes que se podem, a meu ver, adotar em face a esses momentosos e delicados problemas:

— NEM CAPITALISMO NEM COMUNISMO, MAS CRISTIANISMO.

Pugnar pela socialização do mundo com base no Evangelho: permanecer com Jesus nos seus ensinos, vivendo na sua Paz e esclarecendo os homens no seu Amor.

---

[16] *O Consolador*, Emmanuel.

Os Temas Doutrinários e Evangélicos

Relembrando o Passado
Casos diversos vividos em 35 anos de experiências doutrinárias.

Comentários Evangélicos
Comentários evangélicos pelo dr. Bezerra de Menezes.

Verdades e Conceitos I e II
O ideal de Aliança em importantes resoluções históricas.

Salmos
Enaltecimento à evolução e à reforma íntima pelo Evangelho.

Religiões e Filosofias
Estudo comparado entre as religiões e filosofias de ontem e de hoje.

Respondendo e Esclarecendo
Resposta e centenas de questionamentos sobre Doutrina Espírita.

Semeadura I e II
Temas doutrinários abordados com objetividade e clareza..

Enquanto é Tempo
Pontos essenciais da Doutrina dos Espíritos.

O Redentor
Vida, obra e ensinamentos do Mestre da Galiléia.

Mensagens e Instruções
Importantes mensagens de Edgard Armond aos trabalhadores espíritas.

Lendo e Aprendendo
Mais temas doutrinários, com índice remissivo de *Semeadura I e II*.

Na Seara do Evangelho
Focaliza assuntos da vivência diária, com explicações doutrinárias.

Outras Obras

Edgard Armond, meu pai
Vida e obra de Edgard Armond, escrita pelo filho, Ismael Armond

Iniciação Espírita
Curso regular das Escolas de Aprendizes do Evangelho.

Vivência do Espiritismo Religioso
Programas do movimento da Aliança Espírita Evangélica.

Entendendo o Espiritismo
Curso básico de Espiritismo, enfocando evolução histórica e doutrinária.

CONHEÇA TAMBÉM NOSSOS LIVROS NA ÁREA INFANTO-JUVENIL:

PROGRAMA DE AULAS PARA O
PRIMÁRIO
(7 a 9 anos)
em três volumes
(Formato 21 x 28, espiralado)

CURSO DE PREPARAÇÃO PARA EVANGELIZADOR INFANTO-JUVENIL
Uma obra essencial para a preparação e reciclagem de evangelizadores. Com todos os fundamentos pedagógicos e orientações necessárias à prática e vivência da Evangelização Infanto-juvenil na Casa Espírita.

CRESCENDO CANTANDO
120 músicas para ouvir e cantar, dedicadas especialmente à Evangelização Infanto-juvenil, com letras cifradas e 3 CD's (temas classificados por faixas etárias.

PLANETA AZUL
A visão de um planeta ecologicamente correto para o nosso próprio bem-estar.

CURSO DE PREPARAÇÃO PARA EVANGELIZADOR INFANTO-JUVENIL
Uma obra essencial para a preparação de Evangelizadores Infanto-juvenis.

A FÁBRICA DE PENSAMENTOS
Como é que surgem os pensamentos? Você sabe? Descubra conosco.

A HISTÓRIA DO QUADRADINHO
Uma história de fraternidade.